T0098920

Paolo Spinicci est professeur ordinaire de Philosophie Théorique à l'Université d'État de Milan.

Ithaque, enfin

Essais sur *L'Odyssée*
et la philosophie de l'imagination

Paolo SPINICCI

Ithaque, enfin
Essais sur *L'Odyssée* et la philosophie de l'imagination

Traduction de l'italien par
Jocelyn Benoist

VRIN

Philosophie du présent

Titre original : Paolo Spinicci, *Itaca, infine. Saggi sull'*Odissea
e la filosofia dell'immaginazione
© Mimesis Edizioni, Milano-Udine, 2016.
www.mimesisedizioni.it

Couverture : Photo © Paolo Spinicci.

Directeurs de collection : Jean-François Braunstein,
Arnold I. Davidson et Daniele Lorenzini

© Librairie Philosophique J. VRIN, 2018
Imprimé en France
ISSN 2270-8669
ISBN 978-2-7116-2833-9
www.vrin.fr

AVANT-PROPOS

Les livres aussi ont leur destin – c'est ce qu'on disait autrefois et, si cette maxime antique est vraie, alors il est probable que le destin de ce livre est d'avoir été écrit par la mauvaise personne.

Il est difficile de se libérer de ce soupçon, au moins pour moi. Pour écrire un livre sur *L'Odyssée* il faut des compétences philologiques, et je ne les ai pas ; il est nécessaire d'avoir derrère soi une solide formation en études classiques, et ce n'est pas mon cas ; il faut être helléniste, et je suis un philosophe qui s'occupe de perception et d'imagination et qui a étudié le peu de grec qu'il sait il y a des années, au lycée. Ca ne me fait pas plaisir de le dire, mais la conclusion semble évidente : je n'aurais pas dû être l'auteur de ce livre.

C'est là une pensée importune qui s'accompagne d'une question tout aussi importune, qui semble ouvrir tout grand la porte au remords : mais pourquoi l'as-tu donc fait ? Je ne me suis pas beaucoup préoccupé de cette question pendant que j'écrivais, mais si maintenant j'essaie de donner une réponse, je dois confesser que je ne trouve pas de meilleur motif que le suivant : *L'Odyssée* m'accompagne depuis tant d'années et il n'y a pas d'histoire qui me plaise plus et m'ait plus fait penser. Je l'ai lue tant de fois, non pas pour l'étudier, et pourtant je l'ai lue – comme toujours – le crayon à la main et, année après année, lecture après lecture, il m'a paru moi aussi avoir quelque chose à dire sur ce livre si beau, ne serait-ce peut-être que pour restituer quelque chose de ce qu'il m'a donné. Et alors, simplement, je me suis mis à écrire, plaçant ma confiance au moins un peu dans le fait que le destin des classiques est d'appartenir à tout le monde et de constituer pour tous un terrain de réflexion. Les classiques, au fond, ne sont rien d'autre que cela : des œuvres qui continuent à vivre parce qu'on continue encore à en parler – librement.

Quand on n'a pas de bons arguments, la rhétorique est toujours là en embuscade, et ce discours des classiques et du fait qu'ils vivent dans la littérature libre qui les restitue au présent en est un possible exemple. Cela ressemble à une bonne raison, mais ce n'en est pas une, je m'en rends bien compte. Cependant, on n'a pas toujours de bonnes raisons de faire ce que l'on fait. Parfois, les raisons se trouvent après coup, d'autres fois, plus simplement, on oublie de se poser trop de questions, histoire de se souvenir de ne pas y répondre. Il en est allé ainsi : j'ai décidé de mettre de côté les doutes et les perplexités raisonnables et je me suis laissé convaincre par le constat qu'il n'est pas du tout dit que les pères doivent être à la hauteur des fils, pas même de ceux faits de mots et de papier.

Si, toutefois, je me suis laissé persuader si facilement, c'est parce que je suis convaincu que ce livre devait être écrit, et cela pour au moins deux bonnes raisons. La première est peut-être la plus obvie : dans ces trois brefs essais émerge une lecture unitaire de *L'Odyssée*, une interprétation qui met en lumière une dimension de sens qui lui appartient – une signification que je n'ai pas trouvé discutée ailleurs et dont il me paraissait que cela aurait été une erreur de ne pas chercher à la formuler du mieux que je pouvais.

Je ne veux pas dire qu'il s'agisse de la seule interprétation possible de ce livre si beau et riche de sens et je ne peux exclure qu'il y ait des points de vue fort différents du mien qui permettent de lire des aspects de *L'Odyssée* que j'ai négligés et qui sont pourtant importants. J'ai une ambition moindre : je veux seulement dire que, dans ces trois essais, quelque chose se fait jour qui appartient à *L'Odyssée* et que, à ce qu'il me semble, il est difficile de ne pas appréhender si on juxtapose les images qu'Homère met ensemble et qui souvent constituent le nerf des aventures d'Ulysse sur la mer. Si nous les mettons à la file et les regardons avec les yeux de l'imagination, ces aventures nous contraignent à penser quelque chose : elles nous invitent à réfléchir sur la dialectique qui oppose et lie notre existence humaine individuelle à la Vie – la vie qui demeure au-delà des individus, qui continue au-delà d'eux – et à la dimension cyclique qui lui revient, à son opposition obstinée à la linéarité du temps et aux décisions qui orientent notre existence individuelle. D'un côté, la mer jamais lasse qui se referme sur toute tentative de marquer une route, de l'autre, Ulysse et sa décision éreintante de retourner à Ithaque.

Peut-être, lisant ces mots, d'aucuns hausseront les épaules et diront par devers eux-mêmes que les philosophes gâchent tout et ne cherchent un sens profond dans les récits que parce qu'ils ont désappris à les lire. Peut-être en est-il parfois ainsi, mais alors je voudrais m'absoudre au moins de cette faute : pour moi, les voyages d'Ulysse sont de très belles fables et ils n'ont pas besoin d'un sens qui les ennoblisse. Tout ce qu'ils requièrent, c'est un lecteur qui les entende, sans penser à quoi que ce soit d'autre, acceptant le jeu qu'ils lui proposent.

Un lecteur disposé à jouer, c'est là le point. Si je dis que *L'Odyssée* nous invite à penser à mille thèmes importants, je ne veux pas suggérer par là que le lecteur doive de temps à autre refermer le livre pour se mettre à philosopher. Tout au contraire : je veux dire que ces thèmes constituent l'arrière-plan du jeu auquel il est appelé à participer, et qu'on ne peut jouer au jeu qu'Homère nous suggère quand il nous parle de l'antre de Polyphème, si nous ne nous laissons pas envahir par un entrelacs de pensées et une métaphysique imaginaire qui nous contraint à penser qu'il y a une vie profonde dans laquelle nous trouverons notre genèse, mais qui est prompte à nous dévorer parce qu'au fond nous lui appartenons. Nous devons penser ainsi parce que l'imagination est située et il est besoin que nous partagions certaines pensées pour qu'elle prenne forme. L'imagination nous donne à penser, mais les pensées qu'elle requiert de nous ne naissent pas quand le livre se ferme : ce sont les instructions du jeu, ce sont ce dont nous avons besoin pour conduire à bon port les expériences imaginatives que nous sommes appelés à effectuer. C'est ainsi que doivent être lus les trois brefs essais que j'ai écrits : comme une tentative de préciser les règles du jeu imaginatif auquel *L'Odyssée* nous invite. Elles sortent de ce jeu-même et nous aident à le jouer comme il faut.

Un texte poétique nous invite à penser, mais il serait naturellement sot de croire qu'il puisse et veuille le faire comme s'il était un livre de philosophe ou un traité de métaphysique. La fable de Polyphème, le chant des sirènes, l'île d'Éole qui flotte sur la mer, nous font penser, mais cela ne signifie pas du tout qu'ils nous offrent de bons arguments pour réfléchir sur la vie et sur ses vicissitudes. Souvent, pour accorder aux produits de l'imagination l'importance et le sérieux qui leur revient, on dit qu'il y a une vérité de la poésie, de la peinture ou de la musique et que, en général, les formes artistiques nous font connaître quelque chose. Je ne le crois pas. Les poésies ne sont pas vraies pas plus que fausses et une image littéraire ne dit pas que le monde est fait ainsi, pas plus qu'une succession d'accords ne propose quelque assertion factuelle que ce soit sur la nature des choses ou de l'existence. Les images ne sont pas vraies, elles ne prétendent rien connaître, mais elles n'en sont pas moins importantes : elles nous montrent ce que nous devons faire si nous voulons nous y retrouver dans la réalité qui nous entoure, si nous voulons que le monde nous paraisse être ce monde qui est le nôtre. Les images ne sont pas des assertions sur le monde, mais des instructions pour le modifier – par l'imagination. *L'Odyssée* le fait continûment et le fait très bien : elle nous enseigne comment nous devons imaginer les vents, la terre, les îles, les antres et la mer et les navires qui la traversent, si nous voulons penser à tout cela comme à la scène adaptée à notre vie. Elle nous enseigne à imaginer d'une certaine façon, afin de nous permettre de retrouver dans le monde, imaginé ainsi, l'écho de nos pensées et de nos émotions. Mais c'est dire que les images sont expériences d'appropriation fantastique de la réalité : elles n'appartiennent donc pas au genre des assertions vraies ou fausses, mais à celui des impératifs, fussent-ils polis. Elles nous disent comment nous devons imaginer le monde afin de nous permettre de le vivre comme s'il était nôtre.

Pas à pas nous sommes parvenus ainsi à la deuxième raison pour laquelle je crois que ce livre devait être écrit : parce qu'il nous permet de mettre à l'épreuve certains thèmes de philosophie de l'imagination. Qui veut s'en saisir les trouvera sans peine, page après page, et comprendra en quel sens il s'agit d'un livre de philosophie, malgré tout.

Il ne reste que deux choses à dire. La première concerne la forme littéraire de ces trois brefs écrits. Ils n'ont pas la forme habituelle de l'essai : ils n'ont pas de notes de bas de page, ils ne discutent pas d'interprétations divergentes. Il ne serait pas trop difficile de faire autrement : au fond, au fil des ans, j'ai lu tant de choses sur *L'Odyssée* et j'aurais pu rappeler livres et articles dans de longues et fastidieuses notes, comme on fait souvent, et comme sait le faire quiconque a un peu de métier. J'ai cependant préféré renoncer absolument à toute prétention de scientificité, pour me limiter à dire ce qui me semblait important et vrai, sans me donner un ton trop autoritatif, cherchant à *dire*, plus qu'à écrire, ce que j'ai écrit. Ainsi, si telle chose existait jamais, ce serait un livre écrit à haute voix et à la première personne.

Des trois essais qui composent ce livre, le premier – « Temps linéaire et temps cyclique : *L'Odyssée* et la phéno-ménologie du souvenir » – remonte à il y a dix ans : il a été publié dans un livre pour Mimesis (*Quatre essais hors lieu*, Milan, Mimesis, 2006) et a été traduit en espagnol par Juana Rosa Pita. Je le repropose à présent, avec quelques menues corrections : il lui revient la tâche de poser le problème qui sera ensuite approfondi et discuté dans les pages qui suivent. Le second essai (« Une métaphysique sauvage : la fable de Polyphème ») est le seul qui propose l'interprétation d'un récit particulier de *L'Odyssée*, mais je crois qu'il doit être également lu à la lumière du dessein général de l'œuvre et, en particulier, il tient lieu d'introduction au troisième essai (« La mer et ses voies : le retour d'Ulysse »), qui peut-être est le plus général et le plus exigeant. Ce sont trois essais qui touchent au même thème et, pour cette raison, parfois, ils se répètent. C'est le prix à payer pour pouvoir les lire séparément.

C'est un livre de peu de pages, et il a peut-être été écrit par la mauvaise personne, mais il ne m'en vient pas moins à l'esprit de nombreuses personnes à qui je voudrais le dédier, et ce sont les personnes desquelles j'ai appris le plus et celles qui m'ont le plus aidé à l'écrire, écoutant les idées confuses qui me passaient par la tête et qui se clarifiaient petit à petit en regardant leurs visages perplexes. Et puis il y a qui l'a lu et m'a dit où et comment il était opportun de le corriger – et dans ce cas aussi une dédicace ou un remerciement formel serait de mise. Enfin, il y a mes parents qui, le 8 août 1971, m'ont offert l'unique exemplaire de *L'Odyssée* que j'aie jamais possédé. Ce seraient cependant des dédicaces trop sérieuses et émues, et peu adaptées au style de ce livre, alors je le dédie à Pesaro, mon Ithaque en miniature, où Éole et Ulysse ont appris un peu à se comprendre et à se supporter [1].

---

1. Toutes les citations de *L'Odyssée*, dans cette version française, seront empruntées à la traduction de Victor Bérard, publiée dans la Collection des Universités de France, 1re édition 1924. (NdT)

TEMPS LINÉAIRE ET TEMPS CYCLIQUE : *L'ODYSSÉE* ET LA PHÉNOMÉNOLOGIE DU SOUVENIR

Un poème du souvenir et de l'oubli

L'Odyssée est le poème du retour d'Ulysse, de ses souffrances, et de sa curiosité. C'est un poème qui a de nombreux thèmes divers et qui recueille diverses histoires, et de fait il naît de la fusion d'un ensemble de récits qui avaient leur existence autonome (les aventures sur la mer et dans des terres inconnues, le retour chez soi du héros, le voyage à la recherche du père…). Tout cela est vrai, mais *L'Odyssée* est *aussi* un *poème du souvenir et de l'oubli*. C'est du moins ce que je crois.

Je sais que cette thèse peut paraître plausible si on la lie à certaines doctes considérations sur le lien qui, en général, existe entre la poésie et la mémoire – un lien qui devait être particulièrement vivant à une époque dominée par la dimension orale de la culture. À ce propos beaucoup de choses intéressantes ont déjà été dites et peuvent encore être dites. Mais ce n'est pas ici le point. On pourrait ensuite rappeler que *tout* récit est connecté à une *temporalité* déclinée au passé : raconter signifie toujours aussi *répéter* selon un certain ordre les pas singuliers suivant lesquels quelque affaire se déroule, et en même temps avoir en vue l'arc du temps raconté comme un tout dont il est possible de garantir un début et une fin, exactement comme cela arrive aux souvenirs. Mais encore une fois : ce *n'est pas* là notre thème, et si je dis que *L'Odyssée* est un poème de la mémoire, ce n'est pas parce que je voudrais inviter à réfléchir sur l'oralité et la poésie à l'époque archaïque ou sur le rôle de la forme mémoriale dans la narration, mais parce que je crois que le souvenir est un des personnages principaux de *L'Odyssée*. Pour le dire sous une forme moins paradoxale : je soutiens que, comme la déesse Athéna, le souvenir est présent dans les passages les plus significatifs de ce poème et que, page après page, sous la forme d'une réflexion qui s'entrelace d'éléments fantastiques, émergent d'un côté une *phénoménologie élémentaire du souvenir*, et de l'autre une *définition du rôle et de la fonction que la pratique du souvenir occupe dans notre vie*.

Je voudrais avant toute chose m'attarder sur ce premier aspect du problème, à savoir sur la description du souvenir qui se peut tirer des images de *L'Odyssée* et des pensées qui la gouvernent. Le premier pas dans cette direction consiste à dire quelle forme de la mémoire est ici en jeu, parce que l'expression « je me souviens » peut s'énoncer de diverses façons, qui doivent être distinguées.

Dans une première acception, on peut parler de souvenir pour dire que nous savons quelque chose parce que nous l'avons apprise *jadis*. Je me souviens de l'année dans laquelle a été disputée la bataille de Marathon, mais dans ce cas le souvenir est dépourvu de quelque résonance temporelle que ce soit : se souvenir d'une date – 490 av. J.-C. – ne signifie pas se souvenir de quand on l'a apprise.

On parle aussi de souvenir, en second lieu, pour indiquer l'arrière-plan mémoriel qui donne à la scène présente le sens qui lui revient, lui attribuant un caractère d'habitude ou de familiarité. Je me souviens bien que c'est là le chemin de chez moi, mais la familiarité des lieux qui s'appuie à son tour sur des souvenirs infinis ne se traduit pas dans une remémoration effective : je me souviens bien, même si cela ne signifie pas que quelque événement passé que ce soit vienne au premier plan dans ma mémoire, qui lie cette familiarité à un moment du temps, à une histoire qui se serait passée autrefois.

Il y a enfin une troisième forme de souvenir, et c'est le souvenir qui se fait narration et qui est, par sa nature même, conscience d'un événement, d'une expérience vécue autrefois à laquelle on cherche à prêter aujourd'hui de nouveau attention. Quelque chose s'est produit et nous, depuis le présent, nous tournons le regard en arrière pour revivre ce que cela a été : nous nous souvenons de son *individualité* et nous savons que c'est définitivement passé, même si cela nous appartient encore dans le souvenir. Le souvenir dans cette troisième acception est donc une sorte de *perception déplacée dans le temps* : c'est un percevoir qui, du présent, jette un pont vers ce que nous avons vécu.

Dans *L'Odyssée*, toutes ces formes du souvenir trouvent leur place. Il y a une place pour ce qui s'apprend et dont on se souvient, même sans plus savoir dire quand on l'a appris et acquis. Au cours de son long voyage sur la mer, Ulysse apprend beaucoup de choses, mais surtout apprend à supporter la fatigue et la douleur. « J'ai toujours là ce cœur endurant tous les maux ; j'ai déjà tant souffert, j'ai déjà tant peiné ! » [1]. Ulysse se répète souvent qu'avec le temps, il a appris à dominer ses passions, et ce n'est pas un hasard si ces vers devaient plaire à Platon qui, dans le *Phédon* (94 e), les rappelle pour démontrer que l'âme n'est pas un accord

---

1. *L'Odyssée*, V, vv. 222-223.

qui résulte de l'harmonie des vécus, mais le principe qui les domine.

Dans *L'Odyssée*, il y a aussi une place pour le souvenir involontaire qui surgit comme un écho qui enrichit le présent. Au fond, s'il est un trait qui caractérise le style narratif de *L'Odyssée*, c'est bien celui-ci : les choses résonnent de leur passé et semblent raconter à haute voix leur histoire. Il suffit que Pénélope effleure l'arc d'Ulysse pour que les larmes lui viennent aux yeux et que l'arc nous raconte sa longue histoire et nous explique pourquoi Ulysse ne l'a pas amené à Troie avec lui. Et la même chose se produit quand Ulysse arrive à son palais : il le voit et l'émotion est si forte qu'il prend la main d'Eumée et la serre. Un instant passe et voici qu'il doit cacher une larme : il a vu son chien, et une mer de souvenirs indistincts ont dû traverser son cœur. Homère les dit pour nous, pour nous faire comprendre, et alors il nous parle d'histoires de chasse, de chèvres sauvages, de lièvres et de biches, et quand le récit s'achève, nous sommes stupéfaits de voir encore Argos, couvert de tiques, qui remue tout doucement la queue et abaisse les oreilles pour saluer son maître.

Dans *L'Odyssée*, il y a place pour ces formes du souvenir, et pourtant il n'est pas difficile de se rendre compte qu'il y a une forte tendance qui pousse tout souvenir vers sa forme la plus explicite. Avec le temps, Ulysse a appris à dominer ses passions : il sait comment faire et, donc, s'en souvient. Mais dans ce cas aussi le souvenir tend à se faire explicite : quand il est besoin de compter sur la fermeté d'âme, Ulysse rappelle à ses compagnons la grande peur – la grotte du cyclope, dévoreur d'hommes.

L'écho du passé traverse les choses et les événements, mais tend toujours à se faire récit, à devenir une histoire qui veut être portée au jour. Ainsi, il ne suffit pas qu'Homère nous dise avec des mots les pensées confuses d'Ulysse quand il voit son chien, mais tout de suite après, voici une narration effective qui vient : Ulysse interroge Eumée à propos de ce chien et le vieux serviteur ne se fait pas prier et en *rappelle le souvenir*. Il se produit souvent dans *L'Odyssée* qu'une pensée se fasse récit, mais cela se produit de façon exemplaire précisément là où nous attendrions que se pressent les souvenirs involontaires : quand Ulysse, après tant d'années, débarque à Ithaque.

Il s'agit d'un très beau passage : Ulysse est parvenu à la terre de ses aïeux, mais il ne la reconnaît pas parce qu'Athéna a enveloppé de brume les côtes d'Ithaque. C'est en effet ce qui se produit parfois : ce qu'on a longuement fantasmé dans sa mémoire, on ne réussit pas à le reconnaître ensuite quand on le retrouve devant ses yeux. Mais, ensuite, la brume se dissipe et Ulysse reconnaît Ithaque. Dans ce cas aussi, cependant, la reconnaissance ne revêt pas seulement la forme d'un écho indistinct, d'un fondu insensible du passé dans le présent. La voix silencieuse de la familiarité ne suffit pas : pour reconnaître *vraiment* son île, Ulysse doit faire un effort de mémoire et se faire un récit. Il doit lui donner une forme explicite. Il est, en d'autres termes, encore une fois besoin d'Athéna, qui répète à Ulysse les noms et les histoires parce que ce n'est qu'ainsi que les lieux qu'il voit peuvent de nouveau lui rappeler de façon pleinement *sûre* le passé :

> La rade de Phorkys, le Vieillard de la mer, la voici ! et voici l'olivier qui s'éploie à l'entrée de la rade ; près de lui, cette obscure et charmante caverne, c'est la grotte des Nymphes qu'on appelle Naïades ! voici l'antre voûté, voici la grande salle où tu vins, tant de fois, offrir une parfaite hécatombe aux Naïades [1] !

---

1. *L'Odyssée*, XIII, vv. 345-350.

Pour reconnaître Ithaque aussi, Ulysse doit se souvenir du passé et de ses péripéties, reconstruisant ainsi *à grand-peine* une continuité que le temps avait rompue.

Il est opportun de s'arrêter un peu sur cette prédilection pour le souvenir comme narration explicite, et *L'Odyssée* nous offre de multiples occasions de le faire. Un trait leur est commun : Homère nous invite en fait à penser au souvenir comme à une pratique qui doit être *sollicitée* par un événement présent. Nous pouvons nous tourner vers le passé, mais nous ne pouvons le faire que parce que ce dont nous faisons l'expérience et ce que nous vivons à présent nous contraint à nous souvenir et à raconter ce qui s'est produit. À eux seuls, les souvenirs ne savent pas se frayer un passage dans l'esprit et ils ont besoin de quelque chose qui les *réveille*.

Il s'agit en un certain sens d'une évidence, à laquelle cependant *L'Odyssée* semble donner un poids considérable. Il suffit qu'Hélène reconnaisse en Télémaque le fils d'Ulysse pour que surgissent les souvenirs d'une entreprise menée à bien par lui pendant les années du siège et il suffit qu'Euryclée effleure la cicatrice sur le genou de son maître pour que, dans son esprit, se déploie un récit de voyages et de parties de chasse, et de la blessure infligée au jeune roi par la défense d'un sanglier, et tout cela dans le bref arc de temps dans lequel, stupéfaite, la vieille nourrice laisse retomber dans le bassin le pied de celui qui, *maintenant*, est devenu son Ulysse.

Ce n'est pas un hasard s'il en est ainsi, et ce n'est pas un hasard si Homère nous invite à réfléchir sur ce qui, d'une fois l'autre, réveille la mémoire. *L'Odyssée* est un poème du souvenir, mais c'est aussi un poème dans lequel est évidente et perceptible la peine avec laquelle les hommes se souviennent. Encore une fois, le retour chez soi d'Ulysse en est une démonstration exemplaire : Ulysse doute d'abord d'être arrivé à Ithaque, et seul le chien Argos reconnaît tout de suite et sans hésitation son maître en dépit des années. Les hommes non, eux ont bien du mal : Eumée, Pénélope et Euryclée entrelacent confiance et défiance, conviction et découragement. En tous, pourtant, le présent pousse graduellement vers le passé, et en tous la présence d'Ulysse réveille le souvenir opportun et la mémoire ouvre lentement et par degrés le chemin qui, à la fin, permet au souvenir d'arriver à son but et de reconduire ce qui a été vers le présent. Ce n'est qu'alors que la sensation de familiarité parle le langage persuasif du récit. Argos peut se contenter de ce qu'il sent – c'est son maître, que diable ! Les hommes, en revanche, ne se fient pas à ce qu'ils sentent : ils doivent pouvoir se le répéter, mot après mot.

Je crois qu'il faut se demander pourquoi il en est ainsi. Assurément, il n'est en général pas facile de reconnaître un homme après vingt ans, et cela ne l'est spécialement pas si une déesse l'a couvert de haillons et, d'un coup de baguette magique, l'a fait se souvenir de tout le temps passé depuis qu'il était parti pour Troie. Mais la difficulté objective de la reconnaissance se combine avec l'*épreuve subjective* du souvenir, avec l'effort douloureux qui accompagne le geste d'unir le présent au passé.

D'où la question que nous devons nous poser : nous devons nous demander quelles sont les caractéristiques du souvenir qui justifient une telle épreuve. La première difficulté regarde avant tout *la viabilité du chemin* qui, du présent, nous reconduit à nos souvenirs. Le soir – écrit Homère – quand le soleil se couche, tous les chemins s'obscurcissent, et la disparition de cet enchevêtrement de routes qui, de jour, guident et supportent notre cheminement peut valoir comme une bonne *métaphore du passé* : depuis le présent, nous devons nous souvenir de ce qui a été mais, même s'il y a un sens à chercher à se souvenir de quelque chose, il est tout autant vrai que le souvenir *n'est pas en notre pouvoir* parce que nous ne pouvons pas simplement nous tourner vers ce qui s'est produit et le voir, ainsi que, inversement, nous voyons les objets qui nous entourent et sur lesquels nous décidons de poser le regard.

Dans le cas du souvenir, les choses n'en vont pas ainsi, parce que la possibilité de retourner le regard vers une quelconque péripétie passée est suspendue sur le fil de la mémoire et on n'y trouve pas de flèche qui indique le chemin. Il n'y a pas de routes qui, du présent, nous reconduisent vers le passé, et on en trouve une preuve dans le fait que le souvenir procède par bonds et ne revêt une allure plus linéaire que lorsque s'ouvre un chemin vers le présent. Le souvenir trouve un point dans le passé et le reconnecte à ce que nous vivons maintenant, mais ne sait pas prendre la forme d'une lente marche à reculons. Pour le dire avec une image : se souvenir est comme jeter un caillou dans l'eau. D'abord le caillou survole l'étendue d'eau, puis il s'immerge en un point lointain, et le lieu où il s'abîme devient le centre d'un nouveau mouvement – le mouvement des ondes qui se succèdent jusqu'à rejoindre la rive sur laquelle nous nous trouvons – notre présent.

Dans ce sens, l'effort du souvenir ne dispose pas d'une route qui le conduise à son objet, même si, ensuite, il sait se donner du champ dans l'obscurité du passé pour se rattacher à ce que nous vivons maintenant. Mais c'est dire là que le souvenir atteint (ou n'atteint pas) par lui-même son but : nous ne pouvons rien faire pour le conduire à bon port, même si nous pouvons prédisposer notre conscience au passé, en aidant nos idées à s'orienter dans une direction déterminée. Quand nous cherchons à nous souvenir de quelque chose, nous ne pouvons rien faire d'autre que disposer notre conscience dans un cours de pensées qui nous permet d'accéder à un point du temps qui soit proche de celui que nous voudrions revivre. La peine de se souvenir n'est donc pas la peine de qui fait quelque chose, mais est semblable à l'effort de qui s'impose le silence et tend l'oreille pour écouter un discours lointain.

Mais ce n'est pas tout : si vraiment nous orientons l'esprit dans la direction imprécise d'un passé dont nous n'apercevons pas avec exactitude le lieu, cela ne se produit que parce que le présent nous offre un motif de le faire, il donne les premiers coups de rames à la barque de notre mémoire. La peine de se souvenir ne s'enracine pas seulement dans la difficulté d'accéder au passé, mais encore dans la nécessité d'abandonner le cours du temps, pour contrecarrer au moins en partie son flux. Quelque chose doit nous induire à nous souvenir.

Encore une fois, ce sont des passages de *L'Odyssée* qui nous y font penser. Quand Ulysse arrive chez les Phéaciens et espère que ses peines ont pris fin, il a envie de les raconter, peut-être pour les laisser derrière soi, une fois pour toutes. Mais ce désir ne sait pas se frayer un chemin et Ulysse, qui pourtant répète plusieurs fois avoir vécu des péripéties mémorables, comme s'il voulait que quelqu'un le contraigne à parler, ne peut finalement s'adonner au souvenir que parce qu'une série d'événements se produit. D'abord, c'est l'offense subie dans les jeux – Euryale le compare à un homme qui se préoccupe seulement d'argent (et il s'agissait là jadis d'une offense) – qui fait naître en lui le désir de faire savoir qui il est. Mais, ensuite, c'est le chant de Démodocos qui vainc les ultimes résistances : le récit de la guerre de Troie contraint Ulysse aux larmes, et c'est cette émotion si vive qui fraie le passage au souvenir. L'émotion est en l'occurrence la force vive qui nous traîne du présent vers le lieu obscur de ce qui a été.

Dans *L'Odyssée*, il est un lieu dans lequel la réflexion imaginative sur la mémoire se fait quasi explicite : c'est le chant de la descente aux enfers. Ulysse doit consulter le devin Tirésias au royaume des morts, et son bateau atteint (comment pourrait-il en être autrement ?) ce lieu terrible dans la nuit dans laquelle tous les chemins s'obscurcissent. Homère s'exprime ainsi :

> [Là] les Kimmériens ont leur pays et ville. Ce peuple vit couvert de nuées et de brumes, que jamais n'ont percées les rayons du Soleil, ni durant sa montée vers les astres du ciel, ni quand, du firmament, il revient à la terre : sur ces infortunés, pèse une nuit de mort [1].

Vers ce lieu obscur, qui a toutes les caractéristiques imaginaires du passé, le bateau ne peut être orienté volontairement, exactement comme on ne peut retourner le regard vers ce dont on ne se souvient pas. Nous l'avons dit : en un certain sens, nous ne savons vraiment comment faire pour nous souvenir de quelque chose. Il n'y a pas de route à suivre, même si nous pouvons faire comme fait Ulysse : nous pouvons préparer pour le voyage le navire et nous en remettre au vent. C'est du reste l'unique conseil de navigation que Circé donne à un Ulysse visiblement angoissé :

> Ulysse aux mille ruses ! À quoi bon ce souci d'un pilote à bord ? Pars ! et, dressant le mât, déploie les blanches voiles ! puis, assis, laisse faire le souffle du Borée qui vous emportera [2].

Mais le passé n'est pas seulement obscur : il est également privé de vie, et pour lui permettre de se frayer le chemin qui le reconduit à nous qui vivons dans le maintenant, un motif est nécessaire qui le ranime. Quelque chose doit pousser

---

1. *L'Odyssée*, XI, vv. 14-19.
2. X, vv. 504-507

les scènes de la mémoire du passé au présent, de ce qui est privé de vie à ce qui vit maintenant, et ce quelque chose doit nécessairement appartenir au présent, puisque ce n'est que d'ici que le passé peut tirer l'énergie dont il a besoin. Aussi, Ulysse doit prélever du monde des vivants une victime sacrificielle – un chevreau dont le sang aide le souvenir à se frayer un passage dans le passé auquel il appartient.

L'obscurité comme absence de route et le noir qui ravit aux choses la visibilité de leurs contours justifient dans l'imagination le mouvement de *descente* qui est nécessaire pour accéder à la demeure des morts et rendent attendu et compréhensible le spectacle qui s'ouvre aux yeux d'Ulysse : les âmes sont des ombres vaines et insaisissables qui ne résident plus en elles-mêmes et se perdent dans l'obscurité du lieu qui les héberge. Mais ce n'est pas ce dont nous devons parler maintenant : nous devons bien plutôt répéter encore une fois ce que nous avons déjà dit et observer que, dans *L'Odyssée*, le souvenir est de façon prévalente narration et renvoie à *un* événement passé que nous avons vécu autrefois et que maintenant, *à grand peine*, nous restituons au présent, rouvrant un passage qui lie ce que nous sommes maintenant à ce que nous avons été autrefois.

Le temps bloqué

A présent, nous devons aller au-delà de cette décision de privilégier une forme de mémoire, pour dire quelque chose de sa *fonction*, ou du moins : de la fonction dont il me semble qu'elle lui est attribuée dans les pages de ce livre si beau. Mais une constatation de caractère général est d'abord nécessaire qui s'impose au lecteur : *L'Odyssée* s'ouvre sur un *temps bloqué* qui doit reprendre sa course et qui ne peut le faire que parce que, dans une assemblée des dieux, Athéna *se rappelle* Ulysse, suscitant ainsi une longue chaîne de souvenirs.

Un temps bloqué, ou plus exactement : une *rigidification, dans le flux répétitif du temps, de la vie* des trois personnages principaux – Ulysse, Télémaque et Pénélope. Il n'est pas difficile de voir qu'il en est ainsi. La vie d'Ulysse est bloquée, qui ne sait pas abandonner Calypso, même s'il est triste, perdu qu'il est sur un rocher au milieu de la mer ; mais la vie de Télémaque aussi est bloquée, qui en tant que jeune homme ne sait pas se faire homme parce que lui manque une confrontation avec son père ; ainsi qu'est bloquée la vie de Pénélope, qui ne sait pas reconnaître dans la misère du présent sa vie qui continue, et, si on peut chercher un sens dans les astuces un peu ridicules que les livres antiques se complaisent à nous raconter, le jeu étrange de la toile qui est tissée de jour et défaite de nuit veut peut-être précisément dire cela – le refus de faire la somme des jours dans l'unité d'un projet, de coudre le temps qui passe dans la trame d'un récit.

Or, si la vie d'Ulysse, de Télémaque et de Pénélope accepte de nouveau de prendre la peine de se conformer au temps qui passe, cela n'arrive qu'en vertu du souvenir. Et pas par hasard : si le souvenir sait libérer la vie de sa *stase* dans le temps, c'est parce que l'exercice du souvenir est avant tout une pratique qui sait retrouver l'unité du cours existentiel propre, contraignant le présent à tenir compte de la direction que la vie s'est choisie. Au comportement qui consiste à s'attarder dans le présent et dans sa répétitivité éternelle, le souvenir oppose une forme de temps dans laquelle une *direction* est marquée, le fait de procéder en raison d'un *choix qui a déjà été pris depuis longtemps*. Il en est ainsi pour Télémaque, sur le voyage duquel, en quête du père, s'ouvre la trame narrative de *L'Odyssée*. Il s'agit d'un voyage d'un genre particulier, qui a bien des traits d'un bref roman de formation : il naît d'un côté du désir de recueillir des souvenirs du père, de l'autre côté, du besoin de Télémaque de se sentir adulte.

Il n'est pas difficile de comprendre qu'il s'agit de deux aspects du même problème. Il y a une figure paternelle imposante que Télémaque n'a jamais vraiment connue et dont il éprouve à présent le besoin de raviver le souvenir, parce que devenir adulte signifie pour lui être à la hauteur de son père. Ce thème est explicite : le commencement du voyage est dû encore une fois aux bons soins d'Athéna, qui, sous les atours de Mentès, « chef des Taphiens, amis des avirons », demande à Télémaque s'il est vraiment le fils d'Ulysse. Une question, il faut le dire, aux limites de la bienséance, à laquelle Télémaque donne une réponse encore plus surprenante : « Oui, mon hôte, je vais te répondre sans feinte. Que je sois bien son fils ? Ma mère me le dit : moi, je n'en sais pas plus ; à quel signe un enfant reconnaît-il son père ? » [1].

Cette inquiétude réveille le souvenir : à peine Mentès (c'est-à-dire Athéna) disparaît-il comme un oiseau qui prend son vol, que Télémaque se sent plus sûr. Athéna « au cœur de Télémaque [...] avait éveillé l'énergie et l'audace, en ravivant la pensée de son père » [2]. Le voyage fait taire définitivement ses doutes et les récits de Ménélas et de Nestor se lient à un motif récurrent : d'abord Nestor, puis Hélène et finalement Ménélas répètent à Télémaque combien il est identique à son père dans son visage, ses gestes, dans la prudence de ses paroles. Enfin, le doute se dissout quand Ménélas dit à Télémaque précisément ce qu'il voulait s'entendre répéter :

---

1. *L'Odyssée*, I, vv. 214-216.
2. I, vv. 320-322.

> Mon ami, tous tes mots et toute ta conduite sont d'un homme sensé
> [...] Mais le fils d'un tel père ne peut parler qu'en sage ! Comme
> on retrouve en toi la race du héros à qui Zeus n'a jamais filé que le
> bonheur ! Heureux en son épouse, heureux en ses enfants ... [1]

Le passé peut ainsi revenir dans le présent et l'arracher aux atermoiements : le voyage terminé, Télémaque est devenu adulte et tous, stupéfaits, s'en rendent compte.

Et ce qui est vrai pour Télémaque est encore plus clair pour Ulysse. Pendant sept ans, Ulysse est resté chez Calypso qui « en litanies de douceurs amoureuses, [...] veut verser en lui l'oubli de son Ithaque » [2]. Mais enfin le souvenir prend le dessus et Ulysse s'embarque sur le radeau qui le portera chez les Phéaciens. Et ici le souvenir doit encore une fois se manifester : pour pouvoir rentrer, Ulysse devra raconter ses multiples aventures, devra s'en souvenir et narrer son passé pour *se le réapproprier*. Pour pouvoir finalement voir le retour, il doit avant tout renouer le fil de sa vie : il doit se souvenir pour redevenir lui-même et pour se réapproprier son propre présent. Il s'agit d'un souvenir qui, encore une fois, coûte de la peine, et qui doit être préparé, et tout le séjour chez les Phéaciens est littérairement une préparation du souvenir qui ensuite tient lieu de trame narrative de l'œuvre.

Je me suis déjà arrêté sur ce point : la joute avec Euryale, le chant de Démodocos, et peut-être aussi la rencontre avec Nausicaa, à ce point plus jeune que lui, sont autant d'expériences qui poussent Ulysse à se rendre compte du temps *passé* et à s'adapter à son cours, reprenant son propre chemin de vie. Mais il y a encore un thème que je voudrais mentionner : dans *L'Odyssée*, Ulysse s'approprie infiniment de noms et il est constamment un autre – maintenant c'est

---

1. *L'Odyssée*, IV, vv. 204-208.
2. I, vv. 56-57.

un marchand, maintenant un vieux compagnon d'armes d'Ulysse, maintenant un mendiant ou même un Personne avec une majuscule. Mais à la demande d'Alcinoos, qui prélude au récit, Ulysse répond en prononçant son nom et il le dit non pas comme dans un geste d'orgueil, comme après avoir aveuglé le cyclope, mais comme le prologue de ce long récit qui le contraint à *être précisément lui-même*, pour se préparer au retour. Le souvenir lui restitue son nom et avec lui sa place à Ithaque et l'unicité de l'histoire humaine qui lui est propre.

Enfin Pénélope. Pénélope aussi ne peut *se libérer* de l'*inertie* de son présent qu'en acceptant de se souvenir. Pendant des années, Pénélope est restée dans les limbes des décisions non prises, et quand Ulysse revient, après vingt longues années, elle ne peut pas ne pas être perplexe. Ulysse s'en est allé et le vide qu'il avait laissé derrière lui s'est lentement comblé. L'absence se perçoit tant que la mémoire nous rappelle ce qui était et qui maintenant n'est plus, mais, avec le temps, le souvenir s'efface et les prétendants sont là pour le rappeler : ils sont le signe tangible et bruyant du fait que le temps, avec ses habitudes, guérit les blessures et comble les vides. L'espace vide qu'Ulysse a laissé a été rempli, et, à sa place, il y a une habitude qui s'est consolidée dans le temps, et qui a insensiblement occupé les lieux que le souvenir doit maintenant rouvrir, pour les rendre de nouveau praticables. Ainsi, pour Pénélope aussi, l'arrivée d'Ulysse marque le commencement d'une bataille entre le souvenir et l'oubli. Pour que puisse se rouvrir l'espace qui s'est fermé et pour que la vie puisse se ré-attacher au cours du temps, de nombreux souvenirs sont nécessaires : il est nécessaire de se rappeler la fibule qui fermait la tunique d'Ulysse, il est nécessaire d'organiser un concours à l'arc – l'arc d'Ulysse – que Pénélope ne peut même prendre en mains sans que les larmes lui viennent aux yeux, et il est nécessaire de se souvenir ensemble du lit, ingénieusement construit sur un pied d'olivier. Et c'est pourquoi, pendant qu'Ulysse, Télémaque et Eumée livrent leur bataille sanglante avec les prétendants, Pénélope dort pour la première fois tranquille : le souvenir revient au premier plan et sa vie est en train de reprendre son cours.

Les exemples pourraient être multipliés, mais je crois que ceux que nous avons discutés nous autorisent à soutenir que, dans *L'Odyssée*, la mémoire a une fonction précise : elle sert à permettre à qui se souvient de se retrouver et de *restituer son propre présent à l'unité d'un projet*, le libérant du *jeu de la répétition*, de l'adhérence à l'instant qui continûment se répète. La vie nous présente à chaque instant un nouveau présent, que, toutefois, nous ne nous approprions que parce qu'il y a le souvenir, qui nous permet de lier ce qui nous arrive maintenant à l'unité de notre vie. Ainsi, même si peut-être il n'y a plus tellement de sens à croire qu'une nymphe puisse rendre l'homme immortel, c'est un fait que dans le refus opposé par Ulysse à Calypso, deux images de la temporalité entrent en conflit : d'un côté, il y a le temps cyclique, et en ce sens éternel, de la répétition, le temps bloqué sur lequel s'ouvre *L'Odyssée*, de l'autre le temps linéaire du souvenir qui entend le présent comme la *juste* continuation du passé et qui, en insistant sur cette continuité, accepte le cours du temps et sa clôture raisonnable.

Le temps, le souvenir, l'oubli

Jusqu'ici, nous nous sommes seulement arrêtés sur les raisons qui nous permettent de dire que *L'Odyssée* est un poème du souvenir. Mais il est tout autant vrai qu'il s'agit d'un *poème de l'oubli.* Ce thème aussi revêt une importance centrale dans *L'Odyssée*. Parfois, dans *L'Odyssée*, on ne cherche pas à se souvenir mais à *oublier*, cela semble suggérer sinon une alternance légitime du moins une inévitable succession du souvenir et de l'oubli.

A cet égard aussi on peut trouver de multiples exemples. Parfois, dans les pages d'Homère, la volonté d'oublier revêt la forme de quelque substance magique. Les fleurs de lotus effacent la volonté du retour chez qui s'en nourrit et les drogues que Circé mêle au miel et au vin de Pramnos ont le même effet : elles effacent en qui les boit tant l'humanité que la mémoire du retour. Parfois, en revanche, on oublie par lassitude de soi : c'est ce qui arrive à Ulysse quand il s'arrête chez Circé pour une année entière, oubliant la terre de ses pères [1].

Or, qu'il naisse des drogues de Circé, de son charme ou des fleurs de lotus, l'oubli du retour est une faute dont il faut se guérir. Dans le cas des drogues de Circé, l'oubli revêt même les traits d'une véritable renonciation à l'humanité : le *corps n'a pas de mémoire*, et les compagnons d'Ulysse qui ont oublié le retour se précipitent pour cette raison dans une pure corporéité animale. Le corps contraint à oublier ; à Alcinoos, qui lui demande qui il est, Ulysse répond ainsi :

> Mais laissez que je soupe, en dépit de ma peine ! Est-il rien de plus chien que ce ventre odieux ? Toujours il nous excite et toujours nous oblige à ne pas l'oublier, même au plus fort de nos chagrins, de nos angoisses ! Quand j'ai le deuil au cœur, il faut manger et boire ; il commande et je dois oublier tous mes maux : il réclame son plein [2] !

---

1. *L'Odyssée*, X, v. 472.
2. VII, vv. 215-221.

Le corps est la voix de la présence et on ne peut le faire taire, mais, pour autant, il ne nous apparaît pas toujours sous le signe de la bestialité. Le sommeil, qui pourtant parfois perd Ulysse, est très doux et c'est Athéna elle-même qui le verse sur les yeux, et le vent est *très beau* qui porte le navire d'Ulysse loin de la terre obscure de la mémoire – l'Hadès. Les mangeurs de lotus sont *pacifiques*, hospitaliers et sereins, et nous avons déjà dit qu'Ulysse s'attarde dans « le lit splendide » de Circé une année entière, laissant *passer tous les jours égaux* dans une égale sérénité : « Jusqu'au bout de l'année, chez Circé, nous restons, vivant dans les festins : on avait du bon vin, des viandes à foison ! » [1].

Et après Circé, Calypso. Gozzano n'avait pas entièrement tort quand, en se jouant, il écrivait :

> Alors avec un rire confus (qu'Homère et Dante nous pardonnent) / nous dirions la fable à l'usage de l'épouse ignorante. / Le roi des tempêtes était Untel / qui donna par sa simple existence / un bien déplorable exemple / d'infidélité maritale, / qui vécut à bord d'un yacht / mouillant au milieu de joyeuses brigades / auprès des plages les plus fréquentées / par les fameuses cocottes … / Déjà vieux, ayant remis les voiles / vers le toit laissé jadis / il fut accueilli et pardonné / par l'épouse fidèle … [2]

Nous devons le reconnaître : dans *L'Odyssée*, la mémoire est adossée à l'oubli et l'art du souvenir trouve son contre-chant dans *l'art d'oublier*. La géographie imaginaire même de *L'Odyssée* semble du reste se mouvoir exactement dans cette direction. *L'Odyssée* est un poème qui se joue presque entièrement entre *deux seuls éléments* : l'eau et la roche. Il s'agit de deux éléments qui renvoient à des propriétés entièrement distinctes, sur lesquelles nous devons revenir.

---

1. *L'Odyssée*, X, vv. 467-468.
2. *L'ipotesi*, vv. 110-123.

La roche – la *pierreuse Ithaque* – est le lieu symbolique des images de la *persistance* : la roche ne change pas de forme et ne se laisse pas facilement altérer. Ainsi, de qui ne se laisse pas écarter de ses propres desseins et ne se laisse pas conduire par les événements, on dit qu'il est *solide comme un roc* : la matérialité et la dureté du caillou deviennent le chiffre de la *persistance dans le temps*, de la capacité d'en traverser indemne les péripéties. La roche nous conduit donc vers l'univers imaginaire de la mémoire, d'un souvenir qui ne laisse pas se dissoudre les contours de la vie passée.

Il n'en est pas ainsi de l'eau. À la matérialité, comme tendance de l'objet à maintenir sa propre forme dans la variation même des forces qui agissent sur lui, s'oppose la tendance de la liquidité à se poser comme la véritable négation intuitive du concept de chose. Si les choses ont une forme qui s'imprime et se consolide dans leur matérialité, l'eau – cette réalité ambiguë qui partage avec les substances éthérées la transparence et la mobilité et avec les substances matérielles la pesanteur et la tangibilité – est une réalité amorphe qui reçoit seulement de façon temporaire une forme du lieu qui l'accueille. Exactement comme Protée, le vieillard de la mer, l'eau aussi est insaisissable et revêt mille formes diverses qui la rendent méconnaissable.

Mais, si, dans l'eau, les formes se perdent comme se perdent les traces qui se dessinent sur sa surface, alors il n'est pas difficile de comprendre pourquoi l'eau – c'est-à-dire la forme même de la liquidité – tend à s'ériger en chiffre de l'oubli. Dans l'eau, rien de ce qui était ne subsiste, et dans cette propriété du liquide on trouve le motif pour lequel l'eau d'un fleuve qui s'écoule – la Léthé – peut effacer dans qui se laisse baigner par ses flots *le souvenir de sa vie*. D'où, précisément, la géographie fantastique de *L'Odyssée*, le fait qu'il s'agisse d'un poème qui narre un voyage à travers la mer infinie à destination d'une petite île – le poème qui est donc célébration du souvenir et en même temps fascination pour l'oubli.

Nous l'avons dit : l'art du souvenir sert à permettre à qui se souvient de se retrouver et de restituer son présent à l'unité d'un projet, le libérant du jeu de la répétition, de l'adhérence à l'instant qui continuellement se répète. Mais cet art semble flanqué de la reconnaissance qu'il est aussi parfois besoin de l'oubli et qu'il n'est pas toujours possible de s'y opposer : le temps linéaire du souvenir est ainsi contrebalancé par la conviction qu'on ne peut *entièrement réduire au silence la dimension cyclique du temps*, de ce temps qui nous assouvit, qui ne s'aligne pas dans l'unité d'un récit et n'est pas appréhendé à la lumière d'un projet, et qui ne cherche pas dans le présent le futur qui viendra. Au temps qu'on s'approprie en le pensant sur le moule de l'existence et de ses projets, fait ainsi écho le temps qui se répète, le temps qui nous impose dans un éternel recommencement un nouvel instant, nous demandant de le vivre sans trop y penser.

La vie s'approprie un temps qui n'est pas le sien, et cette sombre remarque qui a le laconisme de la métaphysique est en réalité une constatation évidente et d'une déconcertante banalité : elle répète que nous nous approprions le temps à la lumière de nos projets, qui s'enracinent dans ce que nous avons été et ce que nous désirons, mais en même temps elle nous montre que le temps passe de toute façon et que, en quelque mesure, nous nous *adaptons* à sa fuite en nous laissant vivre.

Je voudrais conclure par une image, tirée elle aussi de *L'Odyssée*. Entre les multiples aventures d'Ulysse, il en est une à laquelle Homère donne une place qui à chaque fois me semble trop exiguë : je pense au récit d'Éole, le seigneur des vents, qui – comme il convient à un personnage aussi éthéré et léger – vit sur une île qui flotte sur la mer. Éole reçoit Ulysse et lui donne une outre dans laquelle il emprisonne les vents hostiles, ne laissant libre de souffler que le vent de zéphyr. Mais l'outre est ouverte par les compagnons d'Ulysse et la visite à Éole se répète, cette fois sous un bien autre signe : l'ami hospitalier est devenu un ennemi qui rejette avec des invectives qui doit être en haine aux dieux. Il s'agit d'un récit bref qui n'ajoute rien à l'histoire ; et pourtant, dans la trame de cette fable naïve, se montre à nous sous une forme fantastique l'impossibilité d'une amitié entre deux hommes qui appartiennent à deux univers complètement différents. Ulysse est sous le signe de la mémoire : il est le héros du retour et de la temporalité linéaire. Éole, le seigneur d'une matière subtile, mobile et sans contours comme le vent, se place au contraire sous l'égide de *l'oubli* et du temps circulaire de l'éternel retour. Ce n'est pas un hasard alors si la famille d'Éole ne se conforme pas à la loi minimale du souvenir et de la linéarité du temps.

> Éole en son manoir nourrit ses douze enfants, six filles et six fils qui sont à l'âge d'homme : pour femmes, à ses fils il a donné ses filles et tous, près de leur père et de leur digne mère, vivent à banqueter ; leurs tables sont chargées de douceurs innombrables [1].

Tout ici est enfermé dans l'instant, dans un instant qui ne doit pas changer et qui peut ne pas changer seulement parce qu'il renonce entièrement à se poser comme la continuation d'un passé qui quant à lui ne peut que se répéter. Et il s'agit, il vaut la peine de le remarquer, d'une image vraiment sereine de l'inceste, qui nous apparaît ici comme une sagesse pratique

---

1. *L'Odyssée*, X, vv. 5-9.

pour éviter que les fils deviennent adultes et les parents vieux – comme une pratique nécessaire pour rendre crédible, en dépit de tout, le « toujours » trompeur de la circularité. Certes, *L'Odyssée* ne se limite pas à représenter ce contraste, mais relègue Éole dans une île qui rappelle plus les nuages que la terre ferme – la temporalité sereine de l'instant doit céder la place au temps linéaire de la mémoire. Il me paraît toutefois que, dans *L'Odyssée*, le parti pris en faveur d'Ulysse et de son temps linéaire s'accompagne aussi d'une grande fascination pour le seigneur des vents et pour son invitation aérienne à la légèreté de l'oubli.

UNE MÉTAPHYSIQUE SAUVAGE :
LA FABLE DE POLYPHÈME

Une grotte et un passé lointain

Polyphème est la terre – au fond nous pourrions commencer précisément ainsi, par la conclusion à quoi je crois qu'on doit arriver. Polyphème est la terre, non pas assurément la terre cultivée, qui est éloignée de la nature sauvage des cyclopes, mais la terre profonde et obscure dans laquelle les arbres plongent leurs racines, les graines germent, et se décomposent les corps des morts.

Que Polyphème soit la terre n'est toutefois pas seulement une conclusion : c'est aussi le point de départ. Homère le présente ainsi : comme un monstre gigantesque qui ne ressemble pas aux hommes qui mangent du pain, mais à une grande roche solitaire, à un pic boisé. Il vit dans un antre, dans une caverne qui s'ouvre dans la *roche*, et le premier et le dernier geste que nous le voyons accomplir est placé sous le signe de sa nature terrienne : Polyphème roule un rocher gigantesque, d'abord pour fermer l'entrée de sa caverne, puis pour chercher à frapper le navire d'Ulysse qui l'a aveuglé. À peine Ulysse lui a-t-il crié son nom, que le géant aveugle répond à sa façon à cette déclaration d'identité : lançant dans la mer une pierre, un rocher énorme, auquel le cyclope confie tout son être. Puis, de Polyphème, nous ne savons plus rien :

le bateau d'Ulysse, entraîné par les eaux, laisse derrière lui la terre des cyclopes, et Polyphème devient seulement un nom à se remémorer quand on veut évoquer un grand effroi.

Polyphème est exactement comme l'ogre des fables, et il n'y a pas de doute que quelques pages de *L'Odyssée* rappellent d'assez près une fable. Wilhelm Grimm s'en est aperçu, qui, dans un essai admirable, suit le récit du cyclope dans ses multiples variantes, mais le lecteur s'en aperçoit de toute façon, qui se laisse prendre immédiatement par cette histoire riche en pathos et en coups de théâtre. Une fable, il n'y a pas de doute, mais une fable *étrange*, qui fait penser, car, depuis le début, nous avons l'impression que, dans sa trame, c'est un sens profond qui s'énonce. Il y a en premier lieu une atmosphère inquiétante et sinistre – une atmosphère qui joue depuis le début sur l'obscurité, sur la profondeur et sur le caractère chtonien de la créature monstrueuse sur laquelle nous allons bientôt tomber. Une créature attendue : Ulysse vient à peine d'abandonner les navires que, quand il voit depuis la mer une caverne s'ouvrir dans la roche, il a déjà dans le cœur le pressentiment de tomber sur une créature sauvage. Du reste, avant même que son habitant n'apparaisse, la caverne menaçante de Polyphème réclame pour elle-même le rôle de protagoniste et, pour l'obtenir, il lui suffit d'exhiber de diverses façons sa nature de *cavité*. Tout dans l'antre creux de Polyphème rend un son menaçant : le bois sec que Polyphème y jette à peine entré, la voix *lourde* du cyclope, et son hurlement quand Ulysse l'aveugle. La grotte, cependant, n'est pas seulement creuse ; elle est aussi, avant tout, *obscure* : un rocher la ferme, comme un couvercle ferme le carquois, et les compagnons d'Ulysse allument un feu à peine ils y entrent. Et elle est *profonde* : c'est une caverne immense, qui héberge des troupeaux de moutons et un monstre gigantesque, et c'est ainsi, avec cet adjectif, qu'Ulysse la décrit quand il hurle sa colère au cyclope aveuglé.

Une caverne rocheuse, obscure, profonde, creuse – les compagnons d'Ulysse sont dès le départ ébranlés par cet aspect menaçant. Ils en ont peur, avant même de connaître le monstre : il leur suffit de pénétrer dans les entrailles de l'antre pour être parcourus par un frisson et pour que la fuite leur apparaisse comme l'unique solution raisonnable. Et pourtant, il s'agit d'hommes tout autres que peureux, qui avaient prouvé leur témérité en mille occasions, et le lecteur ne peut avoir déjà oublié ce qu'il vient de lire avant de tomber sur l'histoire du cyclope. Après les razzias et les violences perpétrées sur la terre des Cicones, Ulysse cherche à convaincre ses compagnons de fuir, alors qu'eux s'attardent insoucieux du danger. Maintenant, les rôles se sont inversés et c'est Ulysse qui veut rester : il est retenu par le charme obscur de la profondeur, sa nature ambiguë.

Certes, Homère semble oublier l'intelligence aiguë d'Ulysse et nous dit que ce héros si astucieux reste dans la grotte du monstre pour obtenir les dons de l'hospitalité – ces dons qu'Ulysse ne semble pas avoir oubliés même quand, sur le bateau, il crie sa protestation au cyclope. On ne se comporte pas ainsi : aux autres qui viennent chez toi tu dois faire de riches présents !

Il est difficile de ne pas demeurer stupéfait devant cette insistance un peu mesquine, et pourtant, c'est précisément dans ces mots qui nous laissent perplexes que transparaît l'indice qui doit guider : le *chez-soi* de Polyphème est une *grotte* profonde – Ulysse s'exprime précisément ainsi, et nous savons que le don d'hospitalité que le cyclope promet à Ulysse sera de le mettre en pièces en dernier. Le nœud du problème réside précisément dans cette double contradiction :

la maison de Polyphème est *encore* seulement une caverne, son don d'hospitalité est *encore* barbarie, et ceci nous invite à lire le pas qui conduit dans l'antre du cyclope comme un pas vers le *passé*. Le ventre creux et obscur de la caverne est le réceptacle d'un passé immémorial – là, dans les replis obscurs de la terre, niche quelque chose qui nous est antérieur et ceci doit nous inquiéter. La peur des compagnons d'Ulysse s'explique ainsi : entrer dans la grotte veut dire entrer dans les entrailles de la terre, pénétrer dans un passé primordial qui n'est pas éclairé par la lumière du jour.

Du reste, que Polyphème ne soit pas un champion de la modernité est un trait sur lequel Homère attire dès le début notre attention. Polyphème appartient au passé, à un passé désormais éloigné qui se prête mal à la description. Si sa maison est un abîme, et donc tout autre chose qu'une maison, son aspect aussi est celui d'un homme qui ne ressemble pas aux hommes [1]. Il ne leur ressemble pas, avant tout, parce qu'il est privé du trait qui les caractérise : leur nature sociable. Il y a divers cyclopes : ils vivent seuls et mangent seuls, et n'ont pas de lois pour réglementer la vie en commun. Les cyclopes appartiennent au passé obscur des origines : leur vie est antérieure à la culture et donc à cette forme dans laquelle se réalise la socialisation des hommes.

Il est aisé de se rendre compte de cette nature brute et incivile des cyclopes : il suffit de regarder comment ils mangent et comment ils boivent, et combien leur étiquette est diverse de celle qu'Homère rappelle si souvent au lecteur. Les banquets se font ainsi : on se lave les mains abondamment à l'eau, la viande se cuit à la braise, puis les écuyers font les parts et on mélange le vin, la douceur du miel, avec l'eau dans le cratère.

---

1. *L'Odyssée*, IX, vv. 187-192.

C'est ainsi que l'on fait – tous le savent. Pas les cyclopes, à dire vrai, qui semblent tenir compte de ce savoir-vivre aussi peu que des lois de l'hospitalité, Homère le relève avec un ton piqué à plusieurs reprises. Polyphème accompagne ses repas sanglants de *lait*, et ceci ne peut que troubler l'éthique alimentaire de l'auteur de *L'Odyssée*. Certes, pour nous, le lait évoque des images d'innocence et de simplicité, mais, dans la grotte de Polyphème, le lait est surtout une humeur animale : il devrait être *travaillé* pour en faire du fromage mais Polyphème le boit cru, avec un geste qui le rend trop voisin de ce troupeau au milieu duquel il s'étend ensuite et dort, et qui circonscrit le cercle exclusif de ses affects. Polyphème est un buveur de lait, et il le boit pendant qu'il mange de la viande crue – un Grec ne ferait jamais cela. C'est une image qui doit susciter la désapprobation et le dégoût – le carpaccio avec le lait ! – et, de fait, il est possible de percevoir l'une comme l'autre dans les mots d'Ulysse qui se prépare à étourdir le monstre, en le saoulant : « Cyclope, un coup de vin sur les viandes humaines que tu viens de manger ! » [1]. Ulysse offre le vin très fort que Maron lui avait donné, et Polyphème le boit, mais, quand ils boivent du vin aussi, les cyclopes semblent ignorants de tout *savoir-vivre* : ils le boivent sans le mélanger avec l'eau, et se l'enfilent dans le gosier sans y regarder, comme qui avalerait d'un trait au goulot de la bouteille un Barolo millésimé, sans le laisser d'abord respirer un peu.

En ce qui concerne la nourriture, les choses vont ensuite de mal en pis : non seulement Polyphème dévore de la chair humaine, mais il la mange crue et engloutit os et moelle, comme le ferait une bête sauvage, comme le font les lions des montagnes. Cette façon féroce de se nourrir enfreint tout

1. *L'Odyssée*, IX, v. 347.

interdit, mais peut-être serait-il mieux de dire que la faim du cyclope est antérieure aux règles par lesquelles il est juste de se laisser conduire : Polyphème *ne se soucie pas* de la vie des autres hommes, qui sont seulement de la nourriture pour lui, et, précisément pour cette raison, il ne sent pas le besoin d'éloigner de la nourriture la présence de la mort et du sang, en cuisant la viande. Il n'en a pas besoin, parce qu'il se situe en amont de la ligne qui trace la frontière entre dévorer et se nourrir, entre la bête et l'homme. Polyphème est avant tout cela, mais peut-être autrefois nous aussi étions nous ainsi – nous dévorions nos proies comme les loups et les lions. Qui entre dans la grotte de Polyphème fait précisément un saut en arrière dans le temps et *s'enfonce* dans un passé qui semble renvoyer aux temps *obscurs* des origines.

Il est cependant un sens encore plus radical dans lequel nous sommes forcés à penser à la grotte de Polyphème à la lumière d'un passé lointain – et cette fois ce ne sont plus les considérations d'une philosophie élémentaire de l'histoire et de la civilisation qui nous poussent à remonter dans le temps, mais le sentiment obscur d'une métaphysique de la vie. Nous sommes reconduits vers ces pensées pleines de suggestions pour l'imagination par une myriade d'expériences qui ont la saveur archaïque de l'enfance. On soulève une pierre et voici que s'ouvre en grand à nos yeux le grouillement un peu inquiétant d'une vie *informe* : l'*enchevêtrement* des lombrics, la course *acéphale* des fourmis, la reptation lente et *amorphe* des limaces. Nous soulevons une pierre, et nous découvrons que, sous la terre, se trouve le théâtre caché d'une vie privée de forme qui nous apparaît inquiétante parce qu'il semble qu'elle n'avait pas *encore* reçu l'autorisation de se montrer. Lucrèce décrivait ainsi la naissance : un surgissement sur les vives de la lumière (*ad luminis oras*), et nous pouvons nous prévaloir de cette image si belle pour entendre aussi son contraire – ce qui est *encore* enveloppé par l'obscurité, croît sous la terre, dissimulant son inachèvement.

Il n'y a pas de doute que l'imaginaire des matériaux se lie ici à la trame incertaine d'expériences réelles, qui nous apparaissent d'autant plus significatives qu'elle s'enlacent avec les dynamiques de l'imagination. La terre et la boue sont placées sous l'égide de la matérialité informe : la vie qui les parcourt ne s'est pas encore libérée de la pesanteur sourde de la matière. C'est la vie informe des animaux qui rampent : des serpents, des verts, des couleuvres, de ce qui ne se détache pas du sol, comme si cela en faisait partie. Mais si la surface de la terre est abandonnée pour pénétrer dans ses anfractuosités, si la vie disparaît dans la profondeur de la terre et des mers, alors il est difficile de ne pas se laisser saisir par les images de ce qui est inachevé, par l'idée que sous terre s'agite une vie qui doit rester cachée et qui a les traits *larvaires* de l'inachèvement. En un certain sens, il en est exactement ainsi ou du moins il nous *semble* qu'il en est exactement ainsi : dans les grottes vivent des créatures aveugles et dépourvues de couleur, les chauves-souris nichent la tête en bas et les abysses marins dissimulent des créatures qui semblent expier leur distance de la surface en revêtant les formes monstrueuses de ce qui est encore un stade larvaire.

Il y a naturellement de bonnes raisons évolutionnaires pour lesquelles les protées des grottes sont aveugles et privés de couleur ou pour lesquelles la vipère de mer et le diable noir ont l'aspect monstrueux qui les caractérise : essaie donc de vivre dans les profondeurs marines sans avoir une bouche énorme et des dents affilées qui te permettent d'attraper le peu de nourriture qui passe. Il y a des raisons adaptatives, mais l'imagination n'attend pas les leçons de la biologie évolutionnaire et en trouve d'autres qui paraissent étrangement persuasives : sous terre et dans les profondeurs marines, le chaos n'a pas encore cédé le pas à la norme de l'ordre et, pour cette raison, dans le monde obscur qui se soustrait à la lumière du soleil s'agite une vie inaccomplie – une vie qui doit rester cachée parce qu'elle n'est pas encore prête pour venir au jour, pour naître. L'imagination de la grotte nous reconduit ainsi à la pensée de la cavité des origines, au sein dans lequel se prépare la vie sous la forme inachevée du fœtus.

Du reste, sous terre, ne se prépare pas seulement une vie qui sera, mais se consomme par une autre voie la dissolution de la forme : la décomposition des corps est l'écho imaginaire évident de ces pensées. La larve parcourt un chemin qui est suivi à reculons par la décomposition du cadavre : au lent processus dans lequel la vie acquiert la forme fait écho le processus dans lequel la forme se perd, après la mort. Que l'autodissolution puisse, à son tour, apparaître comme un moment qui appartient à la vie dans son déroulement, relève d'une intuition qu'il est difficile de faire taire.

Telles sont les pensées qui imprègnent l'atmosphère imaginaire qui domine l'épisode du cyclope : les pensées de l'informe, d'une chaoticité originaire qui n'a pas encore été reconduite à la règle rationnelle d'un ordre. Le bloc de pierre qui roule pour fermer l'antre dévoile aux hommes terrorisés une créature monstrueuse qui ne s'est pas encore pliée à la loi de la forme. Polyphème n'est pas seulement un géant : il est une vie souterraine, soustraite à la lumière et, pour cette raison, incomplète. Il est une vie *obscure* et très antique, et l'œil unique avec lequel il regarde le monde le rappelle avec une inquiétante évidence. À l'œil unique qui s'ouvre sur le front du monstre fait écho la bouche gigantesque qui dévore et engloutit, qui boit sans mesure et qui vomit. Ce n'est pas simple défaut de bon ton : c'est que Polyphème est une vie privée de mesure et de forme, et il ne mastique pas bien comme on nous l'a enseigné. Sa façon de se nourrir revêt les formes obscures d'une bouche grande ouverte qui engloutit et trouve son écho imaginaire dans la bouche gigantesque de Charybde qui engloutit l'eau livide de la mer, puis la vomit en grondant, et l'eau bouillonne comme s'il s'agissait d'une gigantesque chaudière sur le feu. Polyphème est une créature des profondeurs et de la terre, et il se comporte selon sa nature : il engloutit toute chose et la rejette. Il s'approprie tout et restitue tout. C'est la vie – aux origines. C'est la vie – encore sans adjectifs qui la déterminent et lui donnent une forme achevée. Du reste, que pouvions-nous nous attendre à trouver dans les entrailles de la terre, sinon cela – la vie à l'état magmatique ?

Une explication sociologique ?

Il est toujours facile de mettre les fautes au compte des parents et de l'éducation reçue, mais, dans le cas de Polyphème, il y a sans aucun doute quelques raisons de le faire. Polyphème est une créature chtonienne, et il l'est par droit de naissance. Selon Hésiode, les cyclopes sont fils d'Uranus et de Gaïa, la terre, mais si nous faisons droit à ce que Polyphème dit, son père n'était pas Uranus, mais Poséidon. or Poséidon n'est pas seulement le dieu de la mer et des *abysses* marins : à son trident obéissent aussi les tremblements de terre et les phénomènes volcaniques. Comme le rappelle le plus fréquent de ses épithètes, le dieu de la mer est l'*enosichthon*, l'ébranleur de la terre.

De cette nature paternelle, Polyphème porte les signes bien distincts : il vit dans un antre obscur qui s'ouvre dans la profondeur de la terre et l'expérience du tremblement de terre et des phénomènes volcaniques s'entrelace en plus d'un point aux aventures du plus fameux des cyclopes. Sa voix *résonne* terriblement, est *profonde* et semble répéter le grondement sourd du tremblement de terre. Son œil unique rond a été comparé plus d'une fois au cratère d'un volcan et, même si ce n'est certainement pas ici le lieu de s'aventurer dans des spéculations hasardeuses, il est difficile de résister complètement aux suggestions des interprétations volcaniques de Polyphème : comme volcan, il vomit aussi ce qu'il a en lui et, comme un volcan, il projette dans le ciel de gigantesques blocs de roche. Même la description qu'Homère donne de l'aveuglement du monstre a les traits visuels et, surtout, auditifs d'une éruption : l'épieu enflammé fait frire le fond même de l'œil et les lapilli et étincelles fusent dans toutes les directions, pendant que partout se font entendre les sifflements de la vapeur libérée par l'humeur vitrée qui bout.

Lorsqu'il décrit cette scène, Homère se souvient, comme toujours dans *L'Odyssée*, de l'habileté des hommes et de leur savoir-faire, et il nous parle, pour cette raison, des haches incandescentes que le forgeron jette dans l'eau pour les tremper, mais il est difficile de ne pas penser aussi à la lave qui se jette dans la mer et qui s'éteint. Cette réminiscence homérique a du reste une raison philologique : les cyclopes sont les forgerons de Zeus et leur vie se déroule autour des veines profondes de minéraux que la Terre cache dans son corps. Des forges des forgerons aux phénomènes volcaniques, il n'y a, pour l'imagination, qu'un pas, et ce chemin aussi conduit à penser à Polyphème à la lumière des phénomènes volcaniques. Les éruptions et les tremblements de terre exercent une fascination obscure sur l'imagination : ils parlent d'une animalité assoupie qui peut se déchaîner à l'improviste et ils font signe vers l'ébullition menaçante d'une vie cachée dans la profondeur de la terre, et nous invitent à la penser à la lumière d'une multiplicité d'images corporelles – aux *entrailles* de la terre font écho les *veines* des métaux qui la parcourent, et la *bouche* des volcans qui met au jour cette ébullition obscure. Polyphème, le monstre terrible qui vomit du vin et de la chair humaine et qui a un seul œil qui siffle horriblement à la chaleur de la flamme, se situe au croisement de ces rêveries de la terre. C'est une créature chtonienne, de naissance comme de formation.

Il y a, du reste, un autre passage de *L'Odyssée* dans lequel l'atmosphère sombre et tendue du tremblement de terre est évoquée. Ce n'est pas un lieu du texte sur lequel on s'arrête souvent, peut-être parce qu'il suit d'autres pages bien plus fameuses. Ulysse vient de laisser derrière lui les sirènes et leur chant : la mer est silencieuse et une accalmie irréelle des vents fige la scène. Puis, à l'improviste, le calme est rompu : un grondement sourd sort de la mer, des nuages de fumée offusquent le ciel et des vagues énormes parcourent la mer. Nous sommes arrivés entre Charybde et Scylla et les compagnons d'Ulysse, terrifiés, laissent tomber de leurs mains leurs rames face au spectacle monstrueux et terrible de ce bouillonnement des eaux qui a la forme même d'un raz-de-marée [1]. Sous l'écorce de la mer, on aperçoit, menaçante, la terre qui s'ouvre, noire, devant les yeux d'Ulysse – et voilà qui suffit pour qu'on se souvienne de Polyphème : « Nous avons, mes amis, connu bien d'autres risques ! peut-il nous advenir

---

1. *L'Odyssée*, XII, vv. 201-202 ; 235-244.

quelque danger plus grand qu'au jour où le Cyclope, au fond de sa caverne, nous tenait enfermés sous sa prise invincible ? » [1]. Et c'est à peine s'il faut rappeler que cette pression menaçante de la terre, de sous les eaux, qui contraint Ulysse à se souvenir de Polyphème et de son antre profond, se clôt encore une fois par un tribut sacrificiel : les six têtes de Scylla descendent à l'improviste sur le navire et saisissent chacune un compagnon d'Ulysse. C'est là le début d'un autre féroce banquet : Scylla dévore encore vivants les compagnons, devant la bouche de l'antre qui lui tient lieu d'abri, comme s'il s'agissait de menu fretin pris à l'hameçon.

Une identité mal dissimulée

L'histoire de Polyphème commence ainsi : Ulysse et ses compagnons entrent craintivement dans l'antre profond et pénètrent dans ses entrailles – il suffit de s'exprimer ainsi pour se rendre compte de ce qui est sur le point d'arriver. À la caverne qui s'ouvre et qui accueille les compagnons, fait écho l'autre caverne qui bientôt s'ouvrira toute grande pour les engloutir : la bouche de Polyphème et, au-delà de la bouche, la caverne de l'estomac dans lequel le monstre fait disparaître l'un après l'autre les hommes qu'il dévore. Et alors nous comprenons les raisons d'une identité mal dissimulée. *Polyphème est sa caverne.* Tout nous pousse à le penser, parce que c'est la même imagination qui fait trembler les compagnons d'Ulysse sur le seuil de l'antre et qui ensuite donne vie au monstre terrible : au géant qui a un œil unique, à sa voix caverneuse qui rappelle un vide qui devra bientôt

---

1. *L'Odyssée*, XII, vv. 208-210.

être rempli. Polyphème est un estomac et une bouche : c'est une caverne qui doit être remplie. Ce n'est pas là une fantaisie nouvelle pour le lecteur : le ventre de la baleine est la caverne de Jonas, comme l'estomac du requin est l'antre de Geppetto et Pinocchio, et il n'y a pas d'histoire de loups qui ne se conclue pas avec un estomac caverneux dans lequel la victime est précipitée, en attendant d'être sauvée. Certes, Polyphème est anthropophage, et le fait qu'il se nourrisse de chair humaine donne en premier lieu expression à un jugement éthique : qui se nourrit de la chair des hommes doit être situé au-delà de la société humaine, qu'il s'agisse de Polyphème, des Lestrygons ou de Scylla. L'Odyssée revient à plusieurs reprises sur cet interdit, qui est si évident pour nous, et nous propose des images qui contiennent avec différents accents une seule et même pensée : que les corps des hommes soient comparés à des poissons qui se débattent avant d'être enfilés sur une broche, ou que l'on décrive qui se nourrit de chair humaine comme un lion ou un fauve, le résultat est le même – on veut souligner la différence, que l'anthropophagie oublie, entre les hommes et les animaux, entre la chair qui doit se nourrir et la chair qui peut être mangée. Et pourtant, s'astreindre à réfléchir sur les formes de l'anthropophagie ne signifie pas seulement prononcer une condamnation éthique sans appel, qui veut en même temps faire le partage entre les hommes et les barbares ; cela veut dire aussi donner un nom à une peur ancestrale qui s'enracine en profondeur dans notre nature animale et qu'un interdit ne peut faire taire : la peur que la vie, dans son individualité non répétable, soit seulement la nourriture nécessaire de la vie, le bois qui rend possible son grand feu. L'anthropophagie de Polyphème n'est pas seulement un chapitre d'une philosophie de l'histoire ; c'est aussi une page importante d'une métaphysique de la vie : elle nous invite à sentir l'horreur de la vie qui se nourrit de la vie. De la vie informe qui se nourrit de chacun de nous, sans se soucier de son individualité et de son histoire. L'anthropophagie de Polyphème est en somme la face extrême d'un conflit profond : la vie de qui est venu au jour et choisit pour soi-même son chemin individuel sourd d'une vie souterraine et informe, sans histoire ni individualité, qui pourtant prétend être toujours de nouveau nourrie. L'*apeiron* d'Anaximandre se montre ici sous la forme obscure de la bouche d'un monstre.

Dans un passage du *Monde comme Volonté et comme Représentation*, Schopenhauer écrit que la volonté de vivre se nourrit de sa propre substance et fait d'elle-même, sous diverses formes, son propre aliment [1], et cette observation si aiguë ne peut que jeter une lumière nouvelle sur l'imaginaire qui traverse la fable métaphysique de Polyphème. Polyphème est la terre, est la force aveugle de la volonté, est la vie informe qui se nourrit de la vie des individus. Son anthropophagie n'est pas seulement le signe de son être plus ancien que, et en-deçà de, la culture et l'histoire, mais c'est aussi le chiffre de sa dimension métaphysique : la bouche grande ouverte de Polyphème, dans laquelle se répète sous une forme plus explicite la caverne qui l'abrite, et le lieu métaphysique de la Volonté, de la Vie qui, sous diverses formes, fait de soi-même son propre aliment. La vie de chacun de nous est faite ainsi : elle sourd des profondeurs obscures du vital, elle vient au jour sous une forme déterminée, s'appropriant de la matière organique pour ses propres fins, et elle tisse la trame de son histoire individuelle; puis l'individu se perd et la forme se dissout, et ce qui s'est séparé retourne à la vie souterraine du

---

1. A. Schopenhauer, *Le Monde comme Volonté et comme Représentation*, trad. fr. A. Burdeau, Paris, P.U.F., 1966, p. 195.

tout, et il n'y a pas d'image plus claire de ce fait que la bouche qui dévore, que la caverne dans laquelle finalement revient ce qui en était sorti pour parvenir à la lumière du soleil.

Je ne sais si cela est *entièrement* vrai, mais je crois que *L'Odyssée* peut se lire également ainsi : comme un grand jeu dans lequel toute histoire revient deux fois, pour éclairer de perspectives différentes ce qu'elle raconte. Ainsi, l'histoire d'Éole se répète dans le récit des Phéaciens : les réunissent l'oubli heureux du tabou de l'inceste et leur distance sereine par rapport au caractère dramatique de la vie. Ils sont pour Ulysse la possibilité d'un retour à Ithaque sans peine et sans effort. Ils dominent la mer et les forces hostiles des vents et réagissent avec stupeur à la vie douloureuse d'Ulysse, et c'est précisément ici que le jeu de la répétition apporte son éclairage différent : Éole ne se laisse pas impliquer dans la pesante confusion terrestre de la vie d'Ulysse et il le chasse sans ménagement quand il le voit pour la seconde fois sur son île aérienne, alors que les Phéaciens sont dès le départ remplis d'admiration, fascinés et curieux de la vie humaine d'Ulysse, et ils en paient finalement le prix lorsque leur navire, au retour d'Ithaque, se transforme en une montagne de roche. Éole et les Phéaciens, donc, mais aussi Circé et Calypso, les Lotophages et les sirènes, l'outre d'Éole éventrée en vue d'Ithaque et les vaches du Soleil dévorées par les compagnons – chacune de ses histoires introduit un thème qui doit ensuite être répété, dans une nouvelle clé. Et cela, je crois, vaut aussi pour notre histoire, pour la fable métaphysique du cyclope. Il n'est pas difficile de comprendre où cette histoire se répète : dans la pénible descente dans l'Erèbe à laquelle Ulysse est contraint pour rencontrer Tirésias. Les points de contact sont multiples : similaire le caractère clos et souterrain de la grotte, similaire la terreur qu'Ulysse éprouve, et égal le rapport qui lie la dimension chtonienne des lieux à la mort. Entrer dans la grotte de Polyphème signifie en somme accomplir quelque chose de semblable à pénétrer dans l'Hadès, mais, dans ce cas aussi, la répétition apporte une perspective nouvelle. La grotte de Polyphème met en scène la permanence de la Vie au-delà de l'existence : elle nous montre Chronos qui dévore ses enfants. La bouche du cyclope, qui engloutit et efface les existences individuelles des hommes pour tirer de leur vie l'aliment de la Vie, nous enseigne que la mort est la dissolution de l'individualité. Certes, la descente aux enfers montre finalement la même vérité douloureuse – les rangs infinis de ceux qui ont été fauchés par la mort, leur être de vaines larves sans volonté et sans corps. La triple étreinte d'Ulysse à sa mère le rappelle sur un mode dramatique : son corps, qui est avant tout la possibilité d'une affectivité concrète et tangible, n'est plus. La Vie l'a réclamé pour d'autres projets : l'a dévoré, à sa façon. Pourtant, la perspective a changé : maintenant la mort ne nous apparaît plus sous le jour de la métaphysique cyclique de la vie, mais dans la perspective humaine de la mémoire. Quelque chose reste – une larve vaine semblable aux ombres et au songe – qui peut parler pour qui, dans le souvenir, l'interroge.

Une perspective différente, certes, et pourtant nous, nous savons comment l'histoire va se terminer. Ulysse restitue Polyphème à l'obscurité qui lui est propre : il l'aveugle, et proclame ainsi avec une métaphore aussi trop explicite le caractère aveugle de la force obscure qui régit la vie. Puis, le cyclope privé de son œil unique, Ulysse démontre qu'il peut sortir de la caverne, malgré tout. À dire vrai, en un certain sens, de cette caverne-là, nous sommes tous déjà sortis : entre les mille pensées assoupies que l'imagination pense à sa façon, il est difficile de réduire au silence l'impression profonde que la naissance est une venue au jour, à l'occasion de laquelle on laisse derrière soi la cavité obscure dans laquelle se prépare la vie. Homère devait en être conscient et il y a dans le texte plusieurs points qui nous invitent à penser à la naissance, même si bien sûr le corps énorme de Polyphème se lie mal aux images habituelles de la féminité. Mais l'image reste, et la fuite aventureuse qui, de l'obscurité de l'antre, conduit à la lumière du soleil est, de fait, une répétition de la naissance.

Il ne s'agit pas d'un *souvenir* de la naissance : c'est une naissance répétée – nous devons réfléchir sur ce point. Il y a avant tout le fait naturel de la naissance : le fait que nous soyons nés de cette vie qui se prépare, tôt ou tard, à nous dévorer. Mais il est aussi une autre naissance – la renaissance qui nous jette dans la dimension, spécifiquement humaine, de l'histoire, fût-ce de cette histoire minimale qui est comprise dans le souvenir. À la force obscure de la volonté qui se nourrit de ses créatures en les niant, Ulysse oppose la norme de l'individualité et de l'histoire, réclamant aussi pour elle un espace qui doit être cultivé et protégé – l'espace de la *transmission*. Le temps passe et passent les vies des hommes, mais la mémoire retient les noms et les affects, les actions accomplies et les exploits mémorables.

Ce n'est pas un hasard, alors, si, au monstre aveugle qui hurle sa rage, Ulysse répond en criant son nom, son origine, ses hauts faits et même son adresse privée. Ce n'est pas une brillante idée : Polyphème prend note du nom, consigne bien l'adresse, et avertit son père, et c'est la cata parce que le dieu des mers est une personne influente, surtout si tu vis sur une île. En somme : le geste d'Ulysse est un geste insensé, il n'y a pas de doute. Mais il a une raison. Dans l'antre, Ulysse est Personne : comme nous tous, il doit accepter d'être, tôt ou tard, vie qui retourne à la Vie, perdant son individualité. Le cyclope promet qu'il le dévorera en dernier et, en un certain sens, les choses en iront exactement ainsi : Ulysse mourra après tous ses compagnons. Mais il mourra, c'est évident. Dans la caverne dont on est né, tôt ou tard on retourne, mais, à peine Ulysse sort-il à la lumière du jour, qu'il ressent fortement le besoin d'opposer à la loi de Chronos qui dévore ses enfants la norme de l'histoire et du souvenir. Il cesse d'être un Personne issu de rien, et dit bien clairement son nom, parce qu'il veut que Polyphème *s'en souvienne*. À côté de la naissance, il faut faire une place pour une renaissance, parce que l'existence n'est pas seulement une part de ce processus cyclique au cours duquel la vie dévore toute existence singulière : c'est aussi le mouvement linéaire de l'historicité et du souvenir. Dans la grotte de Polyphème, quelque chose s'est vraiment passé : le temps dévore ses enfants, mais cette vérité si évidente est une vérité aveugle et ne voit pas le temps humain du souvenir. Le tronc d'olivier qui grésille dans l'œil du cyclope est une bonne façon de le rappeler.

Qui le lui a dit ?

Les compagnons d'Ulysse avaient raison : il aurait mieux valu dérober un peu de fromage, quelques chèvres et prendre ses jambes à son cou. On dira qu'il arrive à tout le monde de se tromper et que les cimetières sont pleins d'esprit de l'escalier, mais le doute subsiste : il est difficile de s'ôter de la tête l'idée qu'Ulysse l'ait bien cherché.

Cela dépend un peu de la forme de la narration : le lecteur sait comment iront les choses, parce qu'on lui dit dès le début que la terre qu'aborde Ulysse après avoir quitté les pacifiques mangeurs de lotus est la terre des cyclopes « brutes sans foi ni lois » [1]. Qu'il s'agisse d'une vilaine engeance est certain et Homère le répète après quelques vers : ils ne travaillent pas, n'ont pas de lois, sont des maris et des pères despotiques, et surtout ils semblent dépourvus de toute curiosité et sympathie pour le genre humain. Polyphème, de surcroît, est le pire de tous et le lecteur l'apprend avant même que le cyclope fasse son entrée en scène : on lui dit d'entrée de jeu que c'est là la tanière d'un monstre, injuste jusqu'au fond du cœur, et, dans l'espace de six vers, Homère répète quatre fois avec de légères reformulations que Polyphème est un solitaire qui se tient à l'écart des autres. Il est difficile de s'attendre à ce qu'il soit content de la visite et qu'il tienne prêts des dons d'hospitalité.

Certes, le récit de l'aventure du cyclope est fait par Ulysse et la structure de la prolepse se raccorde bien au fait que tout cela est un souvenir : désormais, Ulysse sait bien qui habitait dans cet antre. Pourtant, il est difficile de s'ôter de la tête qu'Ulysse le savait aussi un peu avant. Ulysse apporte l'outre de vin qui lui sauvera la vie et il l'apporte, nous dit-il, parce qu'en quelque façon il soupçonne qu'il va rencontrer un « sauvage, prodige de vigueur, qui se moquait des lois humaines et divines » [2]. Ce n'est pas tout : saluant ses compagnons, Ulysse dit qu'il veut savoir si les cyclopes sont violents, sauvages, sans justice ou s'il s'agit de gens de bien – une alternative à laquelle il semble avoir déjà répondu dans son cœur. Et puis, il les a entendus : il a entendu de loin leur voix puissante et a vu qu'ils habitent dans de gigantesques cavernes. En somme : si Ulysse est aussi éveillé qu'Homère le rappelle à tout bout de champ, alors on ne peut faire taire le soupçon qu'il veuille réellement rencontrer le monstre, qu'il veuille le voir en face, en personne.

1. *L'Odyssée*, IX, v. 106.
2. IX, vv. 214-215.

Mais pourquoi le fait-il? Est-il juste curieux? Veut-il réellement « devenir expert en la connaissance du monde, et des vices et de la valeur humains » [1]? Pour ma part, je ne le crois pas. Au fond, Ulysse ne veut pas connaître quoi que ce soit de nouveau : il sait déjà bien ce qu'il trouvera. Il ne veut pas connaître; il éprouve en revanche une fascination obscure. Il a envie de voir le monstre : il veut voir la bouche qui dévore, le ventre obscur dans lequel tout s'annihile et auquel tout retourne finalement. Il veut voir le monstre parce qu'il veut se sentir partie du spectacle obscur de la vie. Assurément, Ulysse ne renonce pas – ne veut pas renoncer – à la dimension de l'individualité; Ulysse est le héros du retour et cela signifie avant tout qu'il veut défendre l'espace de la mémoire et de la temporalité linéaire. Il veut retourner à Ithaque, mais il sent aussi la fascination de l'oubli, de la vie qui se consume et passe, laissant la place à une autre vie. Ulysse est le héros du temps humain, mais il sent que la vie humaine du souvenir vient se greffer sur une vie plus ancienne qui bat à un niveau plus profond. Au fond, il y a quelque chose de grandiose dans l'image que nous gardons devant les yeux quand nous pensons à la fuite d'Ulysse, à sa renaissance au-delà de la caverne. C'est un passage fameux : Ulysse a lié trois par trois les moutons, et sous eux, dissimulés, ses compagnons échappent à la main du monstre qui, aveugle, tâte le dos des bêtes qui sortent pour aller paître. Reste l'ultime mouton, le plus grand du troupeau : Ulysse s'agrippe à sa toison et la bête alourdie, qui d'habitude était la première à mordre les tendres fleurs de l'herbe, tarde à sortir. Polyphème est ému : il se sent plaint par le monde auquel il appartient, il caresse son bélier et lui parle, puis délicatement le pousse en dehors de l'antre, avec l'ennemi qu'il cherche en vain à capturer.

---

1. Ulysse dans *La Divine Comédie*, Enfer, chant XXVI, vv. 98-99. (NdT)

Certes nous devons (nous aussi !) fermer un œil : un bélier ne pourrait pas supporter le poids d'un homme. Mais l'image est belle et riche de sens : de la caverne sort une créature ambiguë, un homme agrippé à sa nature animale, mais prêt à se laisser tomber, dès qu'il sera loin des mains du monstre. C'est Ulysse, qui sous peu criera son nom, mais qui à présent nous apparaît pour celui qu'il est : vie animale qui sait ne pas être seulement vie animale.

LA MER ET SES VOIES :
LE RETOUR D'ULYSSE

Tempêtes

Il est un trait qui ne peut pas ne pas frapper le lecteur de *L'Odyssée* : quand Homère sent le besoin de placer les pérégrinations d'Ulysse sur le fond d'un nouveau scénario, voilà que survient une terrible *tempête*, qui tombe comme un rideau sur les péripéties racontées et permet un rapide changement de scène. Il y a une tempête quand commencent les pérégrinations d'Ulysse et qu'il perd le chemin du retour. Ses navires ont à peine abandonné la terre des Cicones, vers laquelle ils s'étaient dirigés pour faire une razzia de nourriture et de vin, quand, tout d'un coup, le vent Borée se lève avec une force inouïe et agite la mer : c'est une tempête terrifiante et, de la cité d'Ismaros, Ulysse est poussé vers le sud et il aborde la terre des Lotophages [1]. Maintenant, il a laissé le monde connu derrière lui et une pérégrination commence qui est aussi une procession du connu vers un inconnu : la mer a pris le dessus et le voyage devient une avancée rapide dans un monde qui se fait pas après pas toujours moins réel et toujours plus incompréhensible. D'abord, précisément, les Lotophages, puis le cyclope, Éole, Circé, la descente dans l'Hadès, puis encore l'immersion dans l'atmosphère

---

1. *L'Odyssée*, IX, vv. 67-73.

toujours plus raréfiée de la rencontre avec les sirènes, avec
les monstres Charybde et Scylla, et enfin le mouillage à l'île
de la faim, où ses compagnons ne savent se retenir de dévorer
les vaches du dieu Soleil. Ce geste inconsidéré les perd tous,
définitivement : l'île abandonnée, le ciel se fait noir et surgit
un terrible vent qui soulève les vagues de la mer. Zéphyr
ébranle le navire et seul Ulysse se sauve, se tenant étroitement
à la quille [1].

La tempête fait tomber le rideau sur la première saison
des aventures d'Ulysse : à présent, il est seul et la tempête le
conduit chez Calypso, où il restera sept longues années.

Une fois abandonnée l'île de la nymphe, une ultime terrible
tempête [2] marque la fin de ses aventures maritimes : Ulysse
parvient à l'île des Phéaciens, qui se feront tout raconter et qui
le ramèneront enfin à Ithaque.

Dans *L'Odyssée*, les tempêtes marquent un radical
changement de scène, mais pour comprendre ce qui se passe
quand la mer soulève ses vagues et renverse les navires qui
cherchent à s'ouvrir un chemin à travers ses eaux, il nous faut
encore réfléchir un peu. En un certain sens, il n'est pas difficile
de comprendre pourquoi la tempête peut tomber comme un
rideau sur la représentation des vicissitudes humaines : au
fond, une tempête est avant tout cela – l'agitation violente de
la mer qui empêche les bateaux de suivre leur route, en les
renversant. Mais c'est aussi, en second lieu, une exhibition
sanglante de la *nature de l'eau*, de sa liquidité. Les vagues
qui s'élèvent et qui viennent se briser sur la rive démontrent
la nature informe de l'eau, mais en même temps mettent

1. *L'Odyssée*, XII, vv. 405-425.
2. V, vv. 295 *sq*.

exemplairement en scène sa capacité à submerger toutes choses et à les retirer à la vue. Les tempêtes sont un rideau d'un genre bien particulier : elles tombent, effaçant toute chose et faisant *table rase* de la scène qu'elles cachent à nos yeux. En un certain sens, il en est précisément ainsi : les vagues couvrent les vagues et une tempête est en grand ce qui peut se faire en petit avec la main quand on brouille le jeu des anneaux qui se dessinent sur la surface de l'eau après que nous y avons jeté un caillou. Il en est exactement ainsi, et pourtant il est difficile de ne pas percevoir, dans l'étrange fascination que ce jeu exerce sur nous, quelque valeur figurée : la main qui agite l'eau rend invisible une trace, efface un dessin qui nous parle de ce que nous avions fait. Les tempêtes de *L'Odyssée* ont exactement cette fonction : elles montrent la fragilité des décisions et la facilité avec laquelle les chemins que nous croyons entrevoir deviennent d'un seul coup invisibles.

Les hommes s'efforcent de marquer un chemin, mais les tempêtes nient ouvertement leurs efforts. Ulysse a laissé derrière lui la guerre et la cité de Troie et cabote le long de la côte de Thrace jusqu'à la terre des Cicones, pour ensuite pousser vers Ithaque, longeant la péninsule grecque ; puis, à l'improviste, la mer se soulève et efface tout projet : Ulysse et ses compagnons se retrouvent sur la côte méridionale de la Méditerranée, et ils ont perdu le chemin du retour. Il y avait bien un projet, et il était prudent et sage, mais la mer l'a balayé et quand finalement la tempête se calme, toute trace est effacée. La mer se referme sur les décisions des hommes et le calme qui suit la tempête a les traits sereins, mais mélancoliques, du renoncement et de l'oubli : c'est une tempête qui jette Ulysse et ses compagnons chez les Lotophages qui mangent la fleur qui fait *oublier le retour*, et c'est une tempête qui le conduit chez Calypso, qui le veut auprès d'elle, pour toujours. C'est encore la force de la mer démontée qui le fait aborder l'île de Schérie – chez ces Phéaciens qui le raccompagneront chez lui sur un de leurs navires si rapides, mais qui seraient heureux de le garder avec eux, lui faisant oublier le retour.

La tempête et le calme qui la suit nous apparaissent donc ainsi sous le jour d'une dialectique existentielle : l'une nous montre la fragilité de nos projets et de nos choix, l'autre la facilité avec laquelle les nœuds de la décision se défont dans la faillite de la détermination et du projet. Ainsi, ce n'est pas un hasard si la mer se détend dans un calme irréel précisément devant l'écueil des sirènes : la mer jamais lasse, la mer qui a des flots infinis et qui est parcourue par d'infinis courants, s'arrête. Tout se tait : il n'y a pas un souffle de vent et disparaissent aussi les routes que la brise promet aux voiles. Tout s'apaise, la mer est immobile, et il y a un *calme* profond – si profond que nous ne pouvons pas ne pas le percevoir : nous sommes contraints à *entendre* le silence qui s'impose à l'écoute en l'absence de toute autre voix. Le chant des sirènes est ceci : il est le silence profond et surhumain qui dit qu'il n'y a *plus* rien à rejoindre et qu'on peut vraiment s'arrêter. Ulysse voudrait obéir et ancrer le navire à l'écueil, mais les nombreux nœuds qui le rivent au grand-mât l'empêchent de trancher le nœud de sa décision. Il reprend donc sa route, comme il l'avait fait quand il avait abandonné la terre des Lotophages, et comme il fera quand il ne se laissera pas retenir par les promesses de Calypso. La tempête et le calme plat sont des images de la fragilité de nos décisions et du renoncement : au milieu, la tentative humaine de suivre une route, de décider une possibilité entre les infinies que la mer renferme.

Un poème simplissime

L'Odyssée est un poème simplissime : il y a un homme qui veut rentrer chez lui, mais, au milieu, il y a la mer. *L'Odyssée* tient tout entière là-dedans : dans la tentative d'Ulysse de s'ouvrir une route dans cette vaste étendue d'eau et de reconquérir une place dans son Ithaque, maintenant que la blessure de sa longue absence s'est cicatrisée et refermée.

Certes, Ulysse ne trouve pas le retour parce que non seulement il a aveuglé Polyphème, mais il s'est vanté de son haut fait, et cela, Poséidon ne peut le pardonner. Comme les dieux en général, Poséidon aussi ne brille pas par son équanimité, et il est vite prêt à donner quitus à son grand enfant anthropophage et à prononcer une malédiction pour qui l'a puni de ses méfaits. Le retour, donc, est dénié par un dieu, et pourtant, quels que soient les efforts faits pour compléter la trame, il est difficile de ne pas voir le squelette qui la soutient : Poséidon est le dieu des mers, et c'est donc encore la mer qui s'oppose au retour d'Ulysse.

En mer, on peut perdre le chemin du retour – c'est évident : la mer est grande, et même carrément immense, il y a de très nombreux passages dans lesquels Homère dit ouvertement que la mer est infinie. Il s'agit, évidemment, d'une hyperbole, et pourtant, précisément, quand il discourt de la mer infinie, Homère nous contraint à un effort d'imagination inattendu. Selon Homère, la mer n'est pas seulement une étendue inféconde, elle n'est pas seulement infatigable et n'est pas seulement flot sur flot, mais c'est aussi un enchevêtrement infini de routes [1], dans lequel on se perd comme dans un labyrinthe. Il y a des chemins dans la mer [2] ou il semble y en

1. *L'Odyssée*, XII, v. 2.
2. III, v. 71 ; III, v. 177 ; IV, v. 842 ; etc.

avoir : les navires les suivent et cherchent à les ouvrir, mais il est facile de les perdre de vue, parce que, dans la mer, les routes sont infinies et les tempêtes les bouleversent et la nuit les obscurcit, même si peut-être elle ne les efface pas [1]. Dans la mer, il y a des sentiers, comme dans un bois, et on peut errer dans l'une comme dans l'autre, se perdre puis s'y retrouver.

C'est une belle image qui nous fait penser, mais qui nous laisse un peu perplexes, parce que dans la mer, à vrai dire, il n'y a pas du tout de routes. Il n'y a pas de routes, et pourtant, en un certain sens, elles s'ouvrent et restent imprimées dans notre mémoire : quand les voyages en mer deviennent une habitude, les routes se fixent et naviguer signifie tout à la fois imposer et retrouver une route. Or, *L'Odyssée* est pleine de routes : Athéna en parle à Télémaque quand elle lui suggère de tenir son bateau à bonne distance du détroit entre Ithaque et Céphalonie, Circé le rappelle à Ulysse quand elle le prévient des périls qu'il devra traverser et la première chose qu'Ulysse demande, quand on l'invite à interroger Tirésias dans l'Hadès, est comment il pourra trouver tout seul la bonne route.

Les Grecs devaient être fiers de leur savoir-faire avec les voiles et les timons, tout comme leur expertise en matière de construction de bateaux devait les remplir d'orgueil. C'était le cas d'Homère, sans aucun doute : un autre poète nous aurait dit qu'Ulysse se construit à grand-peine une barque qui, d'Ogygie, le porte vers sa lointaine patrie. Homère, non : il nous raconte précisément tout, et avec enthousiasme, et il est difficile de se soustraire à l'impression qu'il veut nous expliquer comment faire pour construire correctement une embarcation de secours, au cas du reste improbable où une nymphe voudrait nous contraindre à de longues vacances.

1. *L'Odyssée*, XI, v. 13.

C'est un travail qui doit être exécuté dans les règles de l'art, et pour cette raison aussi Calypso y collabore : comme un apprenti, la déesse lumineuse va et vient portant les outils, tantôt les haches à double tranchant, tantôt la foreuse, et Ulysse taille, dégrossit, polit, et marque la calaison, « comme un maître artisan ». Homère décrit tout, mais il ne s'agit pas de la simple fierté un peu *Ikea* de qui a monté tout seul l'armoire de la cuisine : c'est que la navigation est importante et contient la clé imaginaire de son poème, celle qui ouvre une véritable métaphysique concrète de l'existence.

Pour le comprendre, nous devons encore procéder un peu à tâtons et nous souvenir que, dans *L'Odyssée*, il y a différents mots qui signifient la mer. La mer est ἅλς, une étendue de sel inféconde, et est θάλασσα ou πέλαγος, la mer vaste et ouverte sur le dos de laquelle s'appuient les bateaux ; mais la mer est toujours aussi πόντος, mer à traverser. La mer est toujours navigable, et c'est un *mal* de ne pas le faire. C'est un comportement de sauvage, il est difficile de ne pas percevoir le dégoût d'Homère pour les cyclopes « qui n'ont point de nefs peintes en rouge » et qui ne se mettent pas la mer pour la traverser à la recherche d'autres hommes et d'autres cultures. Se mettre à la mer et en suivre les sentiers est, pour Polyphème, affaire de brigands qui jouent avec leur vie, et dans ce refus de la mer et de ses voies transparaît – pour *L'Odyssée* – non seulement la barbarie du cyclope et sa nature asociale, mais aussi et surtout son antériorité par rapport à toute décision existentielle. En mer, on *joue sa vie* – on s'*embarque* et on prend un chemin, mais c'est précisément cette *décision* qui est le mal : Polyphème ne peut pas du tout penser, lui, le pasteur qui répète tous les jours les mêmes gestes et qui s'étend chaque nuit parmi ses bêtes, que la vie soit le fruit d'une décision – qu'on doive s'embarquer. Polyphème est le héros de la terre et d'une métaphysique de la vie : il est avant l'existence et son être une possibilité parmi d'autres, une vie décidée.

Au refus de la mer que prononce Polyphème fait écho un autre refus – un refus d'en haut. L'Apocalypse de saint Jean promet qu'il n'y aura plus de mer [1], et c'est une promesse qui, pour moi, résonne comme une obscure menace, non seulement parce que la mer me plaît et beaucoup, mais aussi parce que c'est le lieu dans lequel, du point de vue imaginaire, se met en scène une signification importante : la mer, la mer navigable, nous rappelle que, dans le jeu infini des possibilités, nous devons en choisir une, et qu'il est important de s'ouvrir une route et en même temps de savoir à combien d'autres tu as renoncé. Encore une fois : la mer est la totalité des routes possibles, mais vivre signifie en choisir une et en même temps regarder les autres et savoir qu'on a renoncé à quelque chose. Pour les hommes, naviguer est une épreuve, et toute route contient en elle-même la conscience de l'autrement.

Il y a une image récurrente dans *L'Odyssée* qui ne s'explique que si nous rappelons la signification imaginaire du voyage et sa tournure existentielle : c'est l'image des navires qui courent sûrs à leur but, sans fatigue et sans besoin de se fatiguer au timon. Le navire qui porte Ulysse à l'antre de l'Hadès est ainsi, et ainsi est son navire, quand Éole enferme les vents contraires dans l'outre, mais ainsi surtout sont les navires des Phéaciens, qui n'ont ni nochers ni timoniers et qui savent tout seuls où aller et ne craignent pas de subir de dommage, de naufrager ou de se perdre [2]. C'est une fantaisie qui parle clair : c'est l'image d'une vie qui ne doit pas payer le prix de l'existence, qui ne doit pas peiner pour se choisir et pour

---

1. *Apocalypse*, XXI, 1.
2. *L'Odyssée*, VIII, vv. 556-563.

accepter l'unique route qui lui revienne, et qu'elle doit faire sienne. C'est la vie sereine, mais exsangue, des Phéaciens, de ces créatures marines qui n'ont pas une rocheuse Ithaque à laquelle faire retour.

Que la mer soit la totalité des routes et un réseau de sentiers dissimulés qu'il n'est pas facile d'apercevoir par les yeux humains, on le voit du reste avec une clarté exemplaire dans la plus mystérieuse des tempêtes de *L'Odyssée*. Nous connaissons l'histoire. Éole a finalement décidé de donner congé à Ulysse qui, pendant un mois, a égayé sa table avec ses récits ; pour cette raison, il lui fait cadeau d'une outre dans laquelle il a enfermé tous les vents contraires : ceux qui s'opposent au retour à Ithaque. Il peut le faire : Éole est le seigneur des vents, mais il est difficile de ne pas rester stupéfait face à une image aussi fantaisiste. D'un côté, il y a la mer, de l'autre, les courants infinis que les vents y génèrent, et maintenant nous imaginons de supprimer un vent après l'autre, méthodiquement, dans un jeu qui barre toutes les routes sauf une – celle qui conduit à la terre des aïeux. La fable, nous le savons, ne connaît pas une fin heureuse : après neuf jours de navigation, au dixième, Ulysse entrevoit son Ithaque et le sommeil le vainc. Ses compagnons n'attendent rien d'autre : ils éventrent l'outre, qu'ils croient pleine de toutes les richesses possibles, et les vents emprisonnés se libèrent. C'est là le début d'une tempête qui réduit à zéro le bénéfice des jours de navigation, et ainsi en un instant le navire se retrouve au point de départ ! – comme si Ulysse avait pêché la carte « malchance » dans le tas des imprévus. Il nous faut exactement penser ainsi : nous devons imaginer que la mer soit un grand plateau de jeu, qui idéalement renferme tous les mouvements possibles. On jette les dés et on bouge de quelques cases, mais il peut toujours aussi arriver de revenir en arrière, si on n'a pas de chance.

Éole est le seigneur des vents et donc aussi des routes maritimes. Il les connaît toutes et idéalement les possède et pour cette raison, il peut « confiner les routes des ouragans rugissants » dans une outre et convaincre Ulysse qu'il doit attendre tranquillement qu'Ithaque apparaisse. Mais, pour les hommes, les choses n'en vont pas ainsi : Ithaque apparaît, mais disparaît tout de suite après, comme il fallait s'y attendre. Il faut se décider pour Ithaque et se donner de la peine, et s'ouvrir une route dans la mer infinie des possibilités : on ne peut pas la trouver simplement. Mais cela Éole ne peut le comprendre, comme il ne peut pas comprendre le besoin d'Ulysse de choisir une vie, de passer de la possibilité à la réalité. Pour qui s'est habitué à vivre sur une île flottante sur laquelle les filles épousent les fils, pour ne pas troubler l'unité familiale, le besoin d'une existence soustraite à grand-peine à la totalité du possible doit paraître une lubie, comme un caprice inexplicable. Aussi, quand Ulysse retourne à son île, Éole le chasse furieux, mais son départ déjà devait l'avoir laissé perplexe : quel besoin a donc ce fichu bonhomme de s'en aller sur une autre île ? Qu'est-ce qui lui manque ? Pourquoi se donner de la peine pour obtenir une chose qui nous contraint à renoncer aux autres ? Éole est le héros de cette paresse divine, et il ne peut vraiment comprendre les efforts des hommes et leur façon de prendre parti. Il est le seigneur des vents et dispose de toutes les possibilités : la planche de jeu est sienne, mais il n'a aucune intention de se mettre en jeu. Lui suffit sa légère et aérienne liquidité, sa diffusion sur la mer en mille brises, dans toutes les directions possibles.

Il est enfin une ultime pièce du puzzle qu'il est opportun d'ajouter à cet exercice d'imagination contrôlée, et elle concerne le lien (qui maintenant doit nous sembler plus facile à comprendre) qui lie les créatures de la mer à l'*omniscience*.

Le voyage ouvre une route entre les infinies voies possibles et choisit une perspective ; il n'en est pas ainsi de la mer, qui les contient toutes et qui ne s'astreint pas à un point de vue. Aussi, pour connaître son propre destin, Ménélas peut bien interroger le vieillard de la mer, cette figure qui exprime on ne peut mieux le caractère protéiforme de la liquidité : qui a sillonné les abysses de la mer et s'est laissé entraîner par ses infinis courants doit savoir le destin des hommes, la route qu'il leur revient de suivre et celle qu'ils ont déjà parcourue. Et comme le vieillard de la mer, les sirènes aussi savent toute chose : elles n'ont pas choisi une vie et pour cette raison les possèdent toutes. Elles les ont arrêtées, dans un chant.

Flots finis et infinis

C'est arrivé à tout le monde : nous nous sommes perdus dans la contemplation de la proue du bateau qui s'ouvre à grand-peine un chemin dans l'eau, poussé par le vent ou par les rames, et, même si c'est un peu ridicule, nous nous sommes arrêtés à contempler ce spectacle minimal du regard absorbé et pensif de qui pourrait, d'un moment à l'autre, prononcer une inutile perle de sagesse. C'est arrivé à tout le monde, et à Homère également, qui décrit plusieurs fois cette scène sur laquelle l'imagination marque si volontiers le pas. Un trait la caractérise : il est difficile de regarder la proue sans regarder ensuite également derrière soi, pour apercevoir d'abord un sillage tumultueux, puis les eaux qui se referment et la vague qui s'apaise. La mer hurle haut et fort autour de la quille [1] et la vague écume, démontée, derrière la poupe [2], mais, après

1. *L'Odyssée*, II, v. 428.
2. XIII, v. 85.

peu de temps, elle se tait : le sillage du navire, ouvert à grand-peine, se perd peu à peu, sans laisser de trace. Il est difficile d'écarter les yeux de cette scène, qui contient en elle une manifeste valeur figurée, parce que ce qui se met en scène pour nous dans ce jeu de l'eau présente les traits majuscules d'une métaphysique de l'existence, toute ébauchée qu'elle soit dans les formes ténues et suspendues de l'imagination. Le bateau s'ouvre laborieusement une voie qui indique une décision et un but ; le passage ouvert dans l'eau, cependant, se referme et nous voyons que le chemin est provisoire et arbitraire : dans l'infinité des routes que renferme la mer, ne serait-ce que comme possibilité, ne s'en dessine de fait qu'une seule, et pour peu de temps. Le bateau avance et trace un sillage qui aligne les instants du temps, les ordonne dans l'unité d'un récit minimal qui s'organise en un avant et un après et qui renvoie à un présent, à un futur et à un passé : il indique une route, sa réalisation, et en même temps il montre que le bateau est passé par là. Puis, le sillage se défait : la mer, en revanche, reste.

Il y a des images très simples, qui ont le pouvoir de retenir notre attention, même si elles semblent trop explicites et, dans leur excessive clarté, même un peu *kitsch*. L'image du bateau qui laisse une trace que la mer efface est une de ces images : elle réexpose, condensée dans une goutte d'imagination, la pensée qui traverse *L'Odyssée* – le fait qu'il s'agisse d'un poème qui se concentre sur la tension élémentaire entre la temporalité linéaire du retour et le temps cyclique qui coupe le nœud qui lie le présent au passé, libérant les instants de la nécessité de s'aligner dans l'unité d'une histoire. D'un côté, il y a Ulysse, qui cherche à grand-peine le chemin qui puisse le reconduire à Ithaque, de l'autre, l'étendue infinie de la mer qui comprend toute possibilité et, finalement, la réabsorbe, la dissolvant.

Nous savons bien quelle est la place qu'Ulysse occupe dans cette tension élémentaire : Ulysse se situe sous l'égide du retour et si forte soit la fascination qu'exercent sur lui l'oubli et le déroulement anonyme de la vie dans la succession cyclique des jours et des saisons, il n'y a pas de doute que la mer doive être traversée, qu'il faille se décider. La perspective d'Ulysse est celle du voyage : Ulysse est le héros du retour, sans pour autant être fanatique de l'objectif. Il veut revenir, mais il ne lui déplaît pas de se perdre, de temps en temps. Le regard de *L'Odyssée*, cependant, est plus ample et nous force à regarder son héros selon la perspective distanciée de celui qui peine à le comprendre.

Pour qui n'a pas besoin de s'embarquer et n'est pas contraint à s'ouvrir à grand-peine un passage dans la mer, choisissant une route et renonçant aux autres – pour qui, en d'autres termes, se tient éloigné, par nature ou de fait, de l'existence et de ses choix – Ulysse est une rencontre inattendue qui ne peut pas ne pas susciter une certaine stupeur admirative, mais aussi simultanément quelque évidente perplexité. En somme : *L'Odyssée* nous invite à considérer les peines de qui cherche à s'ouvrir une route dans les flots également avec les yeux désenchantés de la mer elle-même. Depuis ce point d'observation, la ténacité avec laquelle le bateau d'Ulysse s'ouvre une voie dans la mer infinie ne peut être appréhendée qu'en y mettant l'indulgence requise. Selon la perspective qui embrasse toutes les autres et du point de vue de tout point de vue possible, toute route en vaut une autre, et trop s'y arrêter signifie adhérer trop à la vie et donner un poids excessif à sa finitude. Cela se passe ainsi : quand nous nous engageons à tenir une route, nous croyons que c'est notre devoir de ne pas la perdre et nous nous convainquons qu'il y a un sens à la suivre parce qu'il nous semble qu'elle est la chose qui nous appartient le plus proprement. Nous mettons la main à la barre et la route nous semble nécessaire, même si elle ne l'est pas. Mais, si nous nous plaçons dans la perspective de la mer, la nécessité revêt les contours du hasard et la voie suivie ceux d'une parmi les infinies possibles que la mer comprend dans son immensité.

L'Odyssée raconte plusieurs fois cette stupeur, et fait des variations sur ce thème, pour mieux le faire comprendre. Nous ne savons pas ce qu'ont pensé les sirènes, regardant le navire d'Ulysse s'éloigner à coups de rames dans une mer sans vagues, mais Homère raconte ce qu'Éole a pensé lorsqu'il a vu son hôte aborder une fois et l'autre son île flottante. Nous savons qu'il a changé d'avis. Éole est heureux quand Ulysse atteint la première fois son palais : il le retient auprès de lui tout un mois, parce qu'il n'arrive pas tous les jours d'avoir quelqu'un qui ait quelque chose à raconter. « Finalement un peu de vie » – Éole doit avoir précisément pensé cela, et doit s'être amusé à mêler à sa vie trop sereine les vicissitudes sanglantes d'Ilion et les mille aventures du retour des héros achéens. Mais, dans le monde serein des décisions non prises et de l'éternel présent, l'existence orientée vers le futur des hommes peut être tout au plus un spectacle propre à procurer des émotions, mais auquel on ne peut réellement participer. Aussi, quand Ulysse revient une seconde fois chez les seigneur des vents, le héros qui a tant à raconter de la vie réelle revêt cette fois le costume du réfugié, mal vu des dieux, de l'homme qui risque de bouleverser avec ses souffrances la vie retirée et vouée à l'ombre de qui est éternellement serein et ne demande rien au futur.

Différente est la stupeur de Calypso et la leçon qu'il faut en tirer. La déesse lumineuse aussi habite au diable et même Hermès s'en plaint : un bel endroit, l'île d'Ogygie, il n'y a pas à dire, mais il n'y a que la mer, la mer, la mer et si jamais l'envie te prenait d'aller en ville pour assister à un sacrifice en ton honneur, il y a de quoi devenir dingue : il faut voyager des milles et des milles. Calypso vit là-bas, à l'ombilic des mers : il est difficile d'imaginer seulement un endroit plus malcommode à atteindre. Aussi, quand Ulysse arrive dans son île après un terrible naufrage, Calypso est heureuse : il y aura quelqu'un pour partager sa couche. Il vaut mieux être prudente, pourtant : un peu de vie, ça va, mais pas trop. Calypso ne veut pas de récits et ne veut pas d'un mari qui vieillisse à ses côtés. Un homme avec tous ses petits ennuis, plein de remords et de regrets, ne l'intéresse pas : elle veut une créature immortelle, eût-elle grandi dans les bas-fonds de l'existence. Encore une fois : la stupeur à l'égard de la vie doit s'éteindre bientôt et ne se traduira pas en une compréhension effective. Du reste, s'il est un lieu où les routes se perdent et se confondent, ce doit bien être l'ombilic des mers.

Homère, pourtant, ne se contente pas de raconter deux fois cet étonnement, mais il y retourne encore, racontant d'abord l'histoire de Circé, puis l'histoire admirable des Phéaciens qui, ce n'est pas un hasard, survient à la fin des pérégrinations d'Ulysse. Les Phéaciens ne sont pas des créatures divines : ce ne sont ni des nymphes, ni des dieux et pas même des créatures suspendues dans le monde plus qu'humain de la magie. Les Phéaciens sont des hommes comme tous les autres. Et pourtant il suffit d'entrer dans le récit pour découvrir que sur l'île de Schérie on vit une vie sereine, mais exsangue – une vie dans laquelle il ne semble pas qu'il y ait place pour quoi que ce soit qui puisse la perturber. Les Phéaciens sont des créatures silencieuses, et Athéna avertit d'entrée de jeu Ulysse qu'il s'agit de gens renfermés, qui restent sur leur quant-à-soi, qui n'aiment pas les étrangers et qui ne veulent pas être dérangés. D'autre part, ils n'aiment pas non plus les passions trop fortes

comme la colère et la rage : en toute chose il faut de la mesure
– dit Alcinoos à Ulysse [1], et assurément une telle maxime ne
devait pas paraître entièrement convaincante au compagnon
d'Achille, à l'homme qui, rentré chez lui, n'épargnerait pas
un des prétendants qui avaient envahi sa maison.

Même la nature sur l'île de Schérie craint les excès : dans
ce monde si mesuré, il n'y a que des demi-saisons, et les arbres
produisent fruits sur fruits toute l'année, sans nous obliger à
assister au spectacle laborieux et irrépressible de la vie, aux
feuilles qui tombent pour après renaître, rompant l'écorce
du bois qui les protège. Aux Phéaciens, l'hiver est épargné :
Zéphyr assure un perpétuel printemps. Ainsi les jours suivent
les jours, sans ruptures, dans une continuité sereine qui semble
chercher à traduire dans le temps la règle identique de ce qui
dure éternellement.

Il ne faut pas nous étonner, alors, si les Phéaciens aussi
– comme la famille d'Éole – s'adonnent à la pratique silencieuse de l'inceste : Arété est la femme et la nièce d'Alcinoos.
Rien d'inconvenant, au moins dans les intentions : si on
procrée entre parents, c'est parce qu'on craint que, entre les
mailles du nouveau, ne puisse s'insinuer le grain de sel qui
vient bloquer et rompre un engrenage parfait. Il faut se garder
des étrangers – et cette morale un peu suffocante qu'on entend
si souvent répéter passe aussi dans ce cas, à sa manière, pour
la défense de la famille, une défense tenace qui s'oppose à la
logique des générations et brouille allégrement les aiguilles
de l'horloge historique. L'inceste est aussi cela : une façon
d'oublier les années qui passent et de clore en un éternel
présent la succession des générations et le devenir adulte des
enfants. Pour les Phéaciens, cependant, c'est surtout un moyen
pour ne pas avoir d'étranger chez soi : jadis, ils vivaient à côté

1. *L'Odyssée*, VII, v. 310.

des cyclopes et peut-être l'expérience de voisins à ce point dépourvus d'éducation les a-t-elle encouragés à fermer une fois pour toutes leur seuil. En somme, pour les Phéaciens aussi, l'inceste est une façon de s'opposer à un possible changement, de nier l'histoire, et l'arrêter.

Et pourtant, les Phéaciens ne sont pas des créatures divines; ce sont des hommes et même, sur leur futur, pèse une malédiction qui doit les arracher de leur jardin d'Eden : leur cité sera renversée par une grande montagne qui effacera pour toujours leur divine légèreté. Que ce futur soit proche, de petits signes le montrent : sur l'île qui craint l'avenir, on perçoit le besoin qu'arrive le lendemain. Le démontre le rêve de Nausicaa. Nausicaa est le maillon faible dans la tentative des Phéaciens d'exorciser le futur et de ne pas marquer de voie dans la mer des possibilités : c'est une jeune fille qui rêve d'une vie à elle, avec un homme. Pour ce futur, il y a place aussi à Schérie : Nausicaa devra choisir un jeune homme parmi les familles les plus nobles des Phéaciens. Mais Nausicaa est inquiète : elle rêve qu'elle doit laver ses vêtements et ceux de ses frères parce que ses noces sont proches. Il faut faire quelque chose et aussi se rend-elle au fleuve et rencontre Ulysse. C'est un futur différent de celui qu'elle attendait, mais elle l'accepte aussitôt; cet homme, certes une fois qu'il s'est lavé, lui plaît vraiment et elle le dit aux servantes qui l'accompagnent : « puissé-je à son pareil donner le nom d'époux; s'il habitait ici! qu'il lui plût d'y rester... » [1].

Que Nausicaa s'énamore d'Ulysse, du reste, n'est pas si étrange. C'est elle qui le trouve, c'est elle qui le sauve, et le songe l'a prédisposée précisément à ces pensées; Ulysse,

---

1. *L'Odyssée*, VI, vv. 244-245.

du reste, n'est pas un homme quelconque et Athéna aussi y met du sien : elle le rend plus beau qu'il n'est et ajoute une touche ténébreuse à son charme. Et puis, Homère ne devait plus être si jeune quand il s'imagine cette scène, et la figure d'un homme qui a laissé derrière lui la fleur de ses années, mais qui n'en fait pas moins battre le cœur des gamines devait probablement lui sembler de bon augure.

Rien à redire aux palpitations, mais il y a plus : toute la scène est imprégnée d'un érotisme évident. Ulysse est nu, et au fond il est naturel qu'il en soit ainsi : il est difficile de faire naufrage, de se sauver à la nage entre des écueils impraticables, sans arriver au rivage un peu négligé – et Arété le sait bien, qui comprend tout de suite que les vêtements qu'Ulysse endosse, Nausicaa les a donnés à l'étranger. Il est évident qu'il en est ainsi, mais Homère insiste sur cette nudité à plusieurs reprises. Au point qu'Ulysse lui-même en a honte : il se couvre d'abord avec une branche feuillue, puis refuse de se faire laver par les servantes parce que, dit-il, il a honte d'être nu devant des jeunes filles aux belles boucles. C'est une étrange pudeur, qui disparaît seulement un chant plus loin [1] et qui semble ne se faire jour que parce qu'Homère veut donner à la scène une dimension érotique. À la honte d'Ulysse fait écho la peur des servantes qui, quand elles le voient, s'enfuient terrifiées, et pas seulement parce qu'il est souillé de sel. Certes, Ulysse devait avoir un aspect terrifiant et menaçant, et cela se combine bien avec les images dont Homère fait usage pout décrire la façon qu'il a de s'approcher du groupe des jeunes filles – images violentes qui rappellent l'animalité et la force. Ulysse est comme un lion grandi dans les montagnes qui va à travers le vent et la pluie et qui veut se

---

1. *L'Odyssée*, VIII, vv. 450-455.

lancer sur des biches sauvages, sur des brebis et des génisses, mais si les proies de ce lion sont toutes au féminin, cela veut bien dire quelque chose. Puis, l'atmosphère se détend, mais c'en est fait : le naufragé qu'il fallait sauver est désormais, pour Nausicaa, l'homme qu'elle désire, et elle le désire parce qu'il est si différent des jeunes Phéaciens aux traits élégants.

Nausicaa devait tomber amoureuse d'Ulysse – il était difficile qu'Homère dénie au roi des tempêtes chanté par Gozzano cette ultime aventure galante ; plus étrange est qu'Alcinoos veuille d'entrée de jeu lui donner sa fille en mariage. Cela, on ne peut vraiment le comprendre : pourquoi donc Alcinoos devrait-il donner en mariage sa fille au premier étranger venu ? Parfois Homère aussi somnole et il est difficile de ne pas trouver un peu exagérées les paroles d'Alcinoos. Et pourtant, il y a aussi une raison à cette bizarrerie. Une raison inattendue : Ulysse est un homme qui a beaucoup souffert, et telle est la raison de la fascination qu'Ulysse exerce sur les Phéaciens. On oublie trop souvent les souffrances d'Ulysse, surtout si on pense que *L'Odyssée* est le récit grandiloquent et de style d'annunzien des aventures du héros qui, sans raison, combat « contre la mer implacable ». Mais il n'en est pas ainsi et, au fond, *L'Odyssée* est, plus que toute autre chose, l'histoire des *souffrances* d'Ulysse. C'est le poème des souffrances des hommes, et si les hommes souffrent, c'est parce qu'ils sont solidement ancrés à leur vie et ils ne veulent pas abandonner le sillon qui est le leur. Les souffrances d'Ulysse sont l'écho de ses décisions : elles sont le prix qu'il doit payer pour se retrouver jour après jour dans sa vie. Ulysse veut retourner à Ithaque – tout est là, mais, pour le faire, il doit continûment protéger son château de sable des vagues de la mer.

Cet homme qui a tant souffert excite la curiosité d'Alcinoos et Arété. Par deux fois, ils le voient pleurer pendant qu'il écoute le poète qui conte le destin de Troie et, par deux fois, ils le voient cacher ses larmes, se cachant la tête sous son manteau. Quelque chose de nouveau se produit alors. Arété et Alcinoos comprennent que ce qui, pour eux, n'est que la *fiction* d'un monde possible – les hauts faits lointains des héros achéens que Démodocos chante le soir durant le banquet – pour leur hôte, est la vie. Les pleurs d'Ulysse leur donnent le spectacle d'une *réaction différente* au chant du poète et d'un *enracinement* bien différent par rapport à la vie et à sa narration. Dans ce cas aussi, Ulysse formule avec clarté la pensée qui nous traverse en lisant ces pages : c'est une bien belle chose que d'écouter un chanteur qui raconte les hauts faits des héros et il est beau d'en écouter la voix pendant qu'on dîne. Mais, à l'écho atténué des passions liées à une écoute superficielle fait écho la souffrance réelle des hommes, cette souffrance que les Phéaciens semblent si peu connaître. On peut s'émouvoir en écoutant et regardant la vie de loin, mais la souffrance de qui vit vraiment est une autre affaire [1]. Les Phéaciens se sont habitués à regarder les choses de loin – à écouter les drames de la vie dans les mots élégants de Démodocos, chantre hors pair.

Quand les vents agitent les eaux de la mer, il est doux de regarder depuis la terre les souffrances et les épreuves des hommes, écrivait Lucrèce [2], et il peut sembler étrange de lire à la lumière de cette pensée la sagesse détachée des Phéaciens, de ce peuple maritime par excellence. Ce ne l'est pourtant pas, du moins je le crois : l'écueil depuis lequel les Phéaciens regardent le naufrage des hommes est la mer elle-même, le

1. *L'Odyssée*, IX, vv. 1-13.
2. Lucrèce, *De rerum natura*, II, v. 1-2.

règne du possible. Éole, Calypso et les Phéaciens sont des créatures marines : elles vivent dans la mer et la mer détermine leur nature. Précisément pour cette raison, cependant, ils ne partagent pas les péripéties de qui voyage pour aborder : les navires sans timon ni nocher, qui se dirigent tout seuls là où la pensée les guide, sont l'emblème d'une nature qu'on ne peut comprendre si on la lit à la lumière des épreuves de qui s'est embarqué pour un voyage par mer et cherche à imposer au jeu des courants sa propre route. L'effort du projet, pour les Phéaciens, n'existe pas, et cela détermine leur nature raréfiée et leur éloignement de ce qui, pour nous, détermine la forme de l'existence.

Et pourtant, les Phéaciens, finalement, se laissent emporter par la vie. Pas après pas, Alcinoos et Arété se laissent convaincre non seulement d'aider Ulysse et de le raccompagner à son Ithaque, mais le couvrent de dons, oubliant la prophétie que pourtant ils viennent de rappeler. Poséidon ne peut le tolérer : il tombe à bras raccourcis sur le navire qui revient d'Ithaque et le transforme en un rocher immobile. La même chose arrivera à la cité des Phéaciens, qui sera recouverte par une montagne : comprendre Ulysse et l'aider signifie en somme apprendre la dure leçon de la *pesanteur* du vivre. En regard de la liquidité de la mer, il faut mettre la pesanteur de la roche et son enracinement.

Certes, les Phéaciens ne renvoient pas Ulysse comme un malpropre à peine a-t-il revêtu les haillons du réfugié et ne prétendent pas annuler son retour à Ithaque : les Phéaciens sont des hommes et s'émeuvent, et ils ne peuvent pas ne pas sentir la communauté profonde qui les lie à un homme qui souffre, mais il est important de réfléchir un peu sur ce qui les pousse à changer d'avis et à mettre de côté leur nature distante et leur froideur.

Je crois pour ma part qu'Homère a une réponse à nous donner – une réponse très belle, si je vois juste. Au fond, si les Phéaciens apprennent à partager l'existence douloureuse des hommes, c'est en vertu d'un art caché dont ils découvrent soudain le sérieux – l'art de la narration. Les Phéaciens le connaissent bien : Démodocos chante pour eux les histoires un peu bêtes et pour magazine de Vénus et Héphaïstos et les aventures de la guerre de Troie, mais son chant parfait ne touche pas les cœurs des habitants de Schérie, qui, du chant du poète, n'attendent qu'un plaisant divertissement. Ulysse, au contraire, pleure et cela l'oblige à raconter un tout autre récit.

Sa narration est d'un type nouveau : elle doit impliquer qui l'écoute, le plier à une autre sensibilité. Le récit doit rendre Ulysse à lui-même et créer une communion profonde entre les hommes réunis dans la salle. La joie du banquet ne suffit pas : il faut se retrouver ensemble dans les souffrances racontées – dans ces souffrances infinies qu'Ulysse s'apprête à raconter. Et le récit devient fleuve : Ulysse raconte péripétie après péripétie et le temps passe, mot après mot. Puis, alors qu'il s'est fait tard et que la nuit est tombée, Ulysse, tout d'un coup, s'arrête : il est fatigué et voudrait dormir.

Il s'agit d'un passage magnifique : tous restent muets, en silence, dans la salle gagnée par l'ombre. Ils sont captivés par le récit : ils se sont retrouvés en l'écoutant. Mais ils veulent écouter encore et Alcinoos prie Ulysse de continuer : la nuit est encore longue, il y a encore du temps. On peut attendre l'aube et partir seulement après. Et Ulysse y consent : il y a l'heure des longs récits et il y a l'heure du sommeil [1] mais, si Alcinoos le veut, le récit peut continuer. Alcinoos a raison : Ulysse ne peut encore dormir. La fatigue l'a perdu d'autres

---

1. *L'Odyssée*, XI, v. 379.

fois. Ulysse dort quand ses compagnons éventrent l'outre d'Éole et il s'endort dans le bois quand ses compagnons tuent les vaches du Soleil. Cette fois, il faut veiller : au sommeil comme forme de l'oubli, qui s'enracine dans le cycle naturel du jour et de la nuit et de la vie qui se répète, s'oppose la narration comme forme linéaire du temps et comme lieu d'une communion voulue et cherchée. On ne peut dormir que quand on a atteint le fond des choses, après s'être retrouvé : Ulysse dormira sur le navire des Phéaciens et se laissera saisir par le sommeil dans la nuit, rendue plus longue par Athéna, seulement après avoir raconté toutes ses aventures à Pénélope.

Et ainsi Ulysse raconte, jusqu'à l'aube : les Phéaciens, solitaires et distants, sont conduits ainsi pas après pas dans la grotte où bouillonne la vie primitive du Cyclope, dans les enclos de Circé ou entre les écueils de Charybde et Scylla. Ils apprennent une autre façon de voyager, une navigation qui fait peur et qui a un but qui coûte de la douleur et de la peine.

Ils apprennent une nouvelle communion. Les Phéaciens écoutent Ulysse et je ne saurais dire s'ils croient, ou s'ils veulent croire, ou s'ils peuvent croire son discours étrange de sirènes et d'ombres des morts, de géants à un œil et de monstres à six têtes, mais, quoi qu'il en soit, ils apprennent beaucoup de choses : ils apprennent à se retrouver dans un monde de passions et de peurs et ils apprennent à communier dans l'écoute d'une narration. Mais surtout ils se retrouvent dans le *temps linéaire et humain de la narration* : ils apprennent à mettre à la suite les uns des autres les jours dans l'unité d'un récit qui a un début et une fin au lieu de marcher d'un pas toujours égal dans le temps, dans le jeu serein – mais vide – de la répétition.

En somme : pour nous faire comprendre que quelque chose arrache les Phéaciens à leur existence solitaire, dans laquelle les jours succèdent aux jours sans un projet, Homère nous propose une comparaison entre Démodocos et Ulysse, entre une narration qui satisfait le besoin des hommes de se distraire le soir et un récit qui, en revanche, nous bouleverse par son humanité et qui nous enseigne infiniment de choses. Les Phéaciens apprennent à écouter le récit d'Ulysse, à s'approprier ses souffrances et, en même temps, ils apprennent la morale si humaine, mais obsessionnelle, du début et de la fin – la morale que toutes les histoires ont en commun et que nous aussi nous enseignons à nos enfants, fable après fable, depuis qu'ils commencent à balbutier, comme s'il était vraiment si urgent de leur enseigner quelle est la forme humaine du vivre et comme s'il était nécessaire de les contraindre à penser leur présent comme partie d'une histoire qui lui appartient.

L'histoire doit être racontée, et Ulysse raconte jusqu'à l'aube ; puis, épuisé, il monte sur le navire qui le conduira à Ithaque, et finalement il dort. Ulysse raconte, et les Phéaciens l'écoutent et apprennent à penser à eux-mêmes et à leur propre vie sous la forme unitaire d'une narration qui ordonne les jours et cherche une trame, ou quelque chose qui lui ressemble, parce que ce n'est qu'ainsi qu'il est possible de s'approprier le temps qui passe à la lumière d'un dessein qui puisse se raconter avec des mots et qui sépare ce qui a un sens de ce qui n'en a pas, ce qui est simplement arrivé par hasard de ce qui, au contraire, mérite qu'on s'en souvienne. Les Phéaciens se convainquent qu'il faut chercher une trame, au détriment de la légèreté un peu vide du vivre et de la sérénité insensée de la vie, de son écoulement en dépit de tout et au-dessus de tout. Ils s'obligent à *se* penser ainsi : comme un parcours qui s'ouvre et se ferme et qui se comprend à partir du but auquel il parvient. Ils font de l'*éthique de la narration* la règle de leur compréhension d'eux-mêmes et ils apprennent à tailler, dans la vie et sa répétition ingénue, une *histoire* dont le sens semble se déployer lorsqu'on la regarde depuis le but auquel elle conduit finalement. L'issue de ce jeu est inattendue : ils découvrent (ou croient découvrir) que la succession des jours qu'il leur arrive de vivre est précisément *leur* vie, c'est-à-dire une histoire qui appartient à chacun d'eux spécialement, et qu'ils doivent, pour cette raison, s'efforcer de conduire à bon port. Ils finissent ainsi par comprendre la prophétie obscure qui les menace : ils l'entendent comme leur destin. Ils s'en *font* une raison et ils s'efforcent de la comprendre, parce que ce n'est qu'ainsi qu'ils peuvent se convaincre que c'est *leur* la vie qu'ils vivent. Puis, certainement, ils mourront et un rocher recouvrira leur cité, une fois pour toutes.

De drôles de gens, ces Phéaciens.

TABLE DES MATIÈRES